大学生教育的发展与创新研究

李彦萍 邵伟智 宗勤瑶 ◎ 著

吉林出版集团股份有限公司

图书在版编目（CIP）数据

大学生教育的发展与创新研究 / 李彦萍，邵伟智，宗勤瑶著．— 长春：吉林出版集团股份有限公司，2023.5
ISBN 978-7-5731-3188-1

Ⅰ．①大… Ⅱ．①李… ②邵… ③宗… Ⅲ．①大学生－教育管理－研究 Ⅳ．①G647

中国国家版本馆 CIP 数据核字（2023）第 072703 号

大学生教育的发展与创新研究
DAXUESHENG JIAOYU DE FAZHAN YU CHUANGXIN YANJIU

著　　者	李彦萍　邵伟智　宗勤瑶
责任编辑	王　平
封面设计	林　吉
开　　本	787mm×1092mm　1/16
字　　数	304 千
印　　张	12.5
版　　次	2023 年 5 月第 1 版
印　　次	2023 年 5 月第 1 次印刷
出版发行	吉林出版集团股份有限公司
电　　话	总编办：010-63109269
	发行部：010-63109269
印　　刷	廊坊市广阳区九洲印刷厂

ISBN 978-7-5731-3188-1　　　　　　　　　　　定价：78.00 元

版权所有　侵权必究

前　言

近年来，随着我国社会主义市场经济的发展与社会改革的推进，我国高等教育管理工作也面临着新的挑战。在传统的高等教育管理体制中，高度集中、高度统一的行政化管理理念和管理模式已经不适应高等教育形势的新变化，成了阻碍高等教育进一步发展的重要因素。所以，转变高等教育管理方式，建立新的管理理念和管理模式，研究新时期高校教育管理具有重要的理论与现实意义，是高等教育在未来谋求长足发展及内涵提升的必经之路。

加快培养新时代富有创新精神、勇于投身实践的创新创业人才队伍是各大高校的当务之急。为了更好地贯彻落实国务院办公厅《关于深化高等学校创新创业教育改革的实施意见》（国办发〔2015〕36号）等文件精神，增强大学生的创新与创业精神、创新思维和创新创业能力，我们按照科学性、先进性、适用性的原则，根据启发式、讨论式、参与式等教学方法的要求而编写了本教材。

人的全面发展是社会主义社会的本质要求，中国特色社会主义的各项事业和一切工作都要着眼于努力促进人的全面发展，在十六届五中全会上，中共中央明确提出的"把我国建设成为创新型国家"的宏伟目标就是为了更好地实现人的全面发展。当今世界是知识经济时代，创新是知识经济时代的主旋律，创新的关键在人才，人才的基础在教育。大学生是具有较高素质的青年群体，是祖国的未来、民族的希望，实现人的全面发展就必须大力实施大学生创新教育。

创新，是知识经济时代的主旋律，是推动科技进步和社会发展的不竭动力，也是当代大学生必备的素质。随着信息和知识经济的快速发展，科技创新已经成为支撑和引领经济发展和社会进步的决定性因素。一个国家、一个民族要赢得发展、造福人类，要在激烈的国际竞争中取胜，必须注重提高全民族的创新意识和创新能力，必须注重自主创新，必须进行科技创新。因此，依靠科技创新提高国家的综合国力和核心竞争力已经成为越来越多国家的战略选择。在我国加快建设创新型国家的历史进程中,迫切需要千千万万具有强烈创新意识和创新能力的高素质人才。高等学校是技术创新的生力军,更是创新人才的主要培养基地,是培养高层次创新人才的"大本营"。我们必须站在建设创新型国家和实现中华民族伟大复兴的高度来提升对大学生创新教育的认识。

目 录

第一章 绪论 ... 1
- 第一节 选题缘由 ... 1
- 第二节 高等教育发展轨迹 ... 2
- 第三节 研究综述 ... 9
- 第四节 创新及创新素质理论 ... 11

第二章 大学生教育创新发展理论 ... 37
- 第一节 创新教育与高等教育的质量 ... 37
- 第二节 创新型人才培养与大学生综合素质教育 ... 41
- 第三节 让大学融入自主创新的大循环 ... 46
- 第四节 大学生创新教育的问题及策略 ... 49

第三章 大学教育的演变及对人的创新素养发展影响的历史考察 ... 63
- 第一节 大学教育与人的创新素养发展的耦合 ... 63
- 第二节 大学育人传统的演进与人的创新素养发展 ... 82

第四章 大学生教育与创新素养发展关系理论框架 ... 97
- 第一节 解读大学教育的理论工具：组织、规训、话语 ... 97
- 第二节 大学生活的现实考察 ... 116

第五章 大学生教育发展创新历史借鉴 ... 124
- 第一节 历史的借鉴 ... 124
- 第二节 跨学科理论的借鉴 ... 128
- 第三节 现实问题的审视与观照 ... 130

第六章 大学生教育创新的实施及过程 ... 138
- 第一节 创新过程分析 ... 138
- 第二节 创新教育的实施条件 ... 151

第三节　实施创新教育的常见方法 ·· 161
第七章　大学生教育发展创新路径 ·· 179
　　第一节　实施大学生教育创新的原则 ·· 179
　　第二节　实施大学生创新教育的路径 ·· 180
参考文献 ·· 192

第一章　绪论

第一节　选题缘由

马克思、恩格斯认为：人类社会是一个从低级向高级不断提高、逐步发展的历史过程，人的全面发展是与社会生产力的发展水平成正比的，只有在"物质财富极大丰富、人们精神境界极大提高"的共产主义社会，人的全面发展才能得到最终实现。人的全面发展与社会的发展是辩证统一的，社会的发展包括人的全面发展并且制约着人的全面发展，人的全面发展是社会发展的主体条件、最高目标，是社会主义社会的本质要求。江泽民同志曾指出："推进人的全面发展，同推进经济、文化的发展和改善人民物质生活，是互为前提和基础的。人越全面发展，社会的物质文化财富就会创造得越多，人民的生活就越能得到改善，而物质文化条件越充分，又越能推进人的全面发展。"基于此，在中共第十六届五中全会上，党中央明确提出了"把我国建设成为创新型国家"的宏伟目标。我国人口众多、资源短缺、环境脆弱等，这决定了我国必须加强自主创新能力，走创新型国家的发展道路，实现经济的进一步增长，最终实现人的全面发展。因此，人的全面发展是建设创新型国家的理论基础和终极目标。建设创新型国家，归根结底在于人的全面发展，发展依靠人，发展为了人，发展成就人。建设创新型国家，自主创新就是实现这一宏伟目标的根本途径。创新的关键在于人才，人才的基础在于教育，推进我国的自主创新，就必须大力发展创新教育事业。大学生是具有较高素质的青年群体，是祖国未来的建设者和接班人，是创新人才的生力军，其创新能力的强弱对我国的社会发展起着至关重要的作用。因此，开展大学生的创新教育尤为必要和紧迫。基于此，本书将从人的全面发展的视角对大学生的创新教育进行探讨。

第二节　高等教育发展轨迹

中国经济与社会改革开放40多年，也是中国高等教育学科创建发展的40多年。改革开放40余年，回顾一个世代的成就，总结一个世代的经验，面对新的世代的机遇与挑战。展望新的世代的发展前景，具有重要的历史与现实意义；同样，回顾与总结高等教育学科创建以来一个世代的成就与经验，探讨学科发展的规律，为跨进一个新的世代做好准备，也很有必要。

中国高等教育研究的开展，同西方一样，都是因应高等教育现代化的需要而产生的，但所走的道路有所不同；西方只是把高等教育作为一个研究领域，开展高教问题的研究，在研究过程中，逐渐形成有别于普通教育学的理论体系；而中国的高等教育研究，则是以学科建制为发物。30年来，沿着两条并行而有所交叉的轨道前进。

其一是建设高等教育学及其分支学科，逐步形成一个庞大的高等教育学科群。关于高等教育问题的研究，在中国早已有之。清末民初的著名教育家张之洞、梁启超，特别是蔡元培，已有若干关于高等教育目标、学制的议论。著名大学校长如张伯苓、竺可桢、梅贻琦等也发表了许多办学的见解。20世纪50年代，原高教部还曾出版了《高等教育通讯（1953~1957年）》，除了发布公告、交流经验之外，也发表了一些调查研究报告。而作为一个专门的学术研究领域，并建立一门新的学科，以至形成庞大的高等教育学科群则是1978年以后才开始的。作为这一学科发展轨迹起点的标志是：

——1978年，厦门大学成立了高等教育科学研究室（后改为研究所）。

这是中国第一个以高等教育作为研究对象的专门研究机构。

——1979年，由厦门大学、华东师范大学、北京师范大学、南京大学、清华大学、兰州大学、上海交通大学和上海市高教局8个单位在上海联合筹备组建全国高等教育研究会；次年又在厦门召开了有34个单位参加的中国高等教育学会筹备会议。

——1981年，中国教育学会在福州召开第二次年会，讨论中国第一部《高等教育学》的编写大纲。

——1983年，国务院学位委员会公布的学科专业目录，将高等教育学正式列为教育学的二级学科。同年，中国高等教育学会正式成立，潘懋元主讲的《高等教育学讲座》公开出版，成为建立高等教育学科的先声。

——1984年，潘懋元主编、9位学者合作编写的《高等教育学》（上下卷）由人民教育出版社和福建教育出版社联合出版。这是中国第一部高等教育学的系统专著，它标志着高等教育学科作为一门新兴的独立学科的确立。

第一部高等教育学专著出版之后，又陆续出版了一些各有特色的高等教育学著作。主要有郑启明、薛天祥主编的《高等教育学》，田建国编写的《高等教育学》，胡建华等编撰的《高等教育学新论》，潘懋元、王伟廉主编的《高等教育学》，潘懋元主编的《新编高等教育学》，杨德广主编的《高等教育学概论》，薛天祥主编的《高等教育学》，王伟廉编写的《高等教育学》等共20多部。

在高等教育学学科建设上，30年来，在两个方面进行了研究并取得了一些重要的研究成果。第一个方面是作为本门学科研究对象的高等教育基本概念与基本理论的研究，如对"高等教育"的定义、高等教育的本质与社会功能、高等学校的基本职能等的探讨，以及对高等教育的学术性与职业性、通才教育与专才教育、专业教育与素质教育、高等学校的教学过程与教学原则、知识与能力的关系等的研究。同时，还从高等教育的角度，探讨了一些教育的基本理论，如教育价值观、教育的内部关系基本规律和外部关系基本规律。这些基本概念与基本理论的深入研究，为高等教育学科从经验性向理论性发展打好了基础。第二个方面是本门学科的学科体系与方法论的研究，也即元教育科学的研究。包括高等教育学科的性质、研究的范围与重点、高等教育学科体系、建构高等教育学科理论体系的逻辑起点、高等教育学科的价值取向，等。

在高等教育学学科建设上，有三个研究组织所起的推动作用值得一提。一是中国高等教育学会所属的高等教育学专业委员会。这个研究会于1993年、1994

年和1995年连续开过3次年会，都是以高等教育学科建设为主题，广泛交流了高等教育的基本理论与学科建设观点。1997年召开的第四次年会，进一步探讨了高等教育学理论如何能转化为可操作性的知识与方法，以推动中国高等教育的改革与发展。其后每两年一届的学术年会，从理论层面探讨了中国高等教育改革实践中的热点问题。另一个是由华中科技大学、湖南大学、南京航空航天大学共同组织的"大学教育思想研讨会"，每两年开会一次，已经开过11次年会。每次年会主题都是从理论高度探讨中国高等教育在发展的各个阶段所提出的思想认识问题，如市场经济与高等教育的关系、高等教育的文化功能、大学生的素质教育、知识与能力的关系、知识经济与高等教育的关系等基本理论问题。第三个是中国高教学会。21世纪以来中国高教学会所组织的各种形式的活动，如组织"20世纪中国高等教育"课题研究，出版了8卷本《20世纪中国高等教育》；开展高等教育学专业优秀博士学位论文评选工作；组织高等教育国际论坛和高等教育学专业博士生分论坛；组织编撰高等教育学专业研究生教学推荐用书的编写以及正在组织的"建设高等教育强国"大型研究课题，等，对活跃高等教育研究氛围，培育高等教育研究新生力量，丰富高等教育研究成果，都具有重要的积极意义。

高等教育学只是高等教育科学的学科群中一门基本的综合性主干学科。由于高教实践的需要，30年来，中国的高等教育科学已经出现了众多分支学科，形成了一个庞大的学科群。这些分支学科，相对于二级学科的高等教育学来说，可以说是三级甚至四级学科了。中国的高等教育科学所包含的分支学科，大体上可以分为三类：第一类是从高等教育学这门基本学科分化出来的分支学科。如大学德育论、大学教学论（课程论）、大学学习学、中外高等教育史、比较高等教育、高等教育研究方法以及各科类的学科教学论，等。第二类是高等教育学与其他学科结合产生的交叉学科，如高等教育哲学、高等教育经济学、高等教育社会学、高等教育管理、高等教育结构学、大学生心理学、高等教育系统工程，等。第三类是应用高等教育学理论以研究不同类型高等教育所构成的学科，如高等工程教育、高等师范教育、高等医学教育、高等农林教育、高等专科教育、学位与研究生教育、留学生教育、成人高等教育、高等教育自学考试，等。当然，以上分类只是相对的划分。上面所列举的各门分支学科,都有系统的专著出版,并且大多已作为课程列入高等教育专业研究生的教学计划。有的分支学科,又进一步分化为若干次一级的分支学科第四级学科。其中以高等教育管理学发展最快,分支最多,已分出高等教育行政学、高等教育评估学、高等教育管理心理学以及高等学校教学管理、高等学校科研管理、高等学校后勤管理、高等学校财务管理等次一级学科或专门研究领域。其发展之快、参加的研究人员之多、研究成果之丰富,是其他学科所不可比拟的。中国高教学会所属的高教管理专业委员会以及各个地区的研究会,也是高教方面最为庞大的组织。同时,高等教育管理这一分支学科,差不多是与高等教育学的研究同时起步的。朱九思等主编的《高等学校管理》和王亚朴主编的《高等教育管理》,是最早公开出版的两部专著。其后又有余立与薛天祥主编的《高等教育管理体系》、刘文修与汪培栋主编的《高等教育管理》、母国光与翁史烈主编的《高等教育管理》等专著数十部。这些专著,或重研究高等教育管理原理,或着重阐述高等教育宏观管理与微观管理各个部门的工作,各有特点。

另一研究领域成果丰硕的是高等工程教育研究。工科大学现多改为理工大学或科技大学,在高等教育研究上最为活跃,除出版全国性的《高等工程教育研究》期刊之外,许多工科大学与工业部门出版的高教研究期刊达100多种。特别值得提出的是清华大学、西安交大、上海交大、东南大学、浙江大学、重庆大学等13所原教育部直属重点工科大学所组成的"协作组"及后来扩大成立的"高等工程教育研究会",在推动高等工程教育研究,为国家制定工程教育政策提供咨询等方面,起了重要的作用。

其他比较活跃、研究成果丰富的分支学科或研究领域,还有大学德育论、大学学习学、比较高等教育、大学生心理学、学位与研究生教育、成人高等教育、高等职业技术教育、高等教育自学考试等。至于高等教育史、高等教育经济学、高等教育结构学、大学课程论(教学论)等分支学科,虽然研究成果相对较少,但都有一些富有学术价值与实用价值的专著。上述各分支学科的发展的,形成了以高等教育学为主干的高等教育科学庞大的学科群。

其二是结合中国高等教育改革与发展的现实,为解决高教实践中所提出的问题而进行的研究。高等教育学科在中国的发展,是与中国高等教育的改革与发展的实践紧密结合,同步进行的。上述学科建设,本来就是在高等教育改革与发展的实践推动下进行的。但学科有其自身的逻辑体系,而实践提出的问题则往往是综合的。因此,更多的研究工作是围绕高等教育改革与发展中不断提出的实际问题进行的,以提供决策咨询或指导实际工作。高等教育在改革与发展实践中所提出的问题,涉及方方面面,难列举。这里仅就人们关注较多的几个问题的研究作一简略综述。

有关高等教育思想观念的研究对推动高等教育改革与发展发挥了积极作用。30年来,中国高等教育理论界围绕高等教育培养目标,讨论了教育观、人才观、教学观、质量观以及传统教育思想与现代化的关系等众多实践中的问题。讨论的实质集中于教育的价值观上,形成了21世纪适应新时代的许多新理念。

关于高等教育同社会发展关系的讨论对于解放思想、深化改革、扩大开放发挥了重要的促进作用。教育同社会的经济、政治、文化之间,存在内在的必然联系、本质之间的关系,这就是教育的外部关系规律。这条规律的作用,在高等教育领域特别明显与重要。因为高等教育所培养的是专门人才,他们将直接进入社会各个部门就业。社会的任何变革都会直接地、迅速地影响高等教育。中国的社会主义现代化建设,是以经济为中心,从计划经济向市场经济转变。在经济全球化时代,信息技术和高新科技在社会生产和生活中发挥的作用越来越大。因此,高等教育与商品经济、市场经济、知识经济的关系以及发展大众高等教育等方面的问题,就成为不同时期的热门研究课题,有关研究成果有形无形地影响着高等教育的发展与进步。

高等教育宏观结构调整与体制改革一直是中国高等教育改革的重点。高等教育的宏观结构,包括科类结构、层次结构、布局结构、管理结构等。郝克明与汪永铃主编的《中国高等教育结构研究》一书,对中国高等教育所进行的宏观结构调整,进行了全面系统的论述和国际比较研究。更多的文章,集中于科类与层次结构调整以及高等教育机构的分类与定位的研究上。至于体制改革,研究的重点有招生与就业体制，着重于探索高考制度改革与就业指导问题；投资体制研究如何以政府投入为主，多渠道筹集办学资金的模式；管理体制着重研究如何加强地方与高校的办学自主权，改变单一的行政管理为行政、立法、经济、评估的多元管理方式，加强管理的科学化与民主化；民办高等教育研究早期着重于民办高等教育在中国发展的可能性与必然性、如何立法以保障民办高等学校的办学自主权及其健康发展，其后则着重于如何提高办学水平、规范办学行为以及学校法人产权与投资回报等。还有关于教学、科研、生产一体化问题，一直为高等教育理论界所关注，高等教育研究者借鉴国外的"合作教育"模式与经验，对一体化的理论、机制进行了持续不断的研究与试验。值得特别提出的是，中国高等教育改革的研究，近年来已从静态结构、体制改革研究进入动态的运行机制的研究。即把高等教育作为一个社会有机系统，将其放在相关社会结构中，探讨社会诸因素在高等教育运行过程中的连接关系及其运转方式，使体制改革具有切实的可操作性。

另一个受到人们较多关注并在高等教育应用研究中发挥重要影响的是院校研究。进入21世纪之前，遍布全国的数以百计的高教研究所（室）根据各高校改革与发展需要，针对本校存在的问题进行研究，为学校领导决策提供参考咨询意见。这一时期，院校研究处于各高校自发状态，零星可见一些介绍美国院校研究的情况和有关院校研究理论与方法的文章。进入21世纪后，院校研究呈现出很好的发展势头，中国高教学会成立了院校研究分会，每两年召开一次学术年会，同时举办院校研究国际讲习班，在研究理论、交流经验的同时，培训院校研究专业人员；一批专业研究人员针对现实需要，开展院校研究理论与方法研究，发表了不少研究论文，出版了一批院校研究专著，包括翻译出版美国院校研究理论著作，推动了院校研究水平的提高，使院校研究在高校改革与发展中发挥更大的作用。

总之，中国的高等教育研究，在解决中国高等教育改革的实践问题，为国家高等教育决策提供咨询，推进中国高等教育事业的发展上做了大量富有成效的研究工作。

学科建设与问题研究两条轨道相辅相成：学科建设为问题研究提供理论基础，

问题研究为学科建设扩大视野不断注入新的实践源泉。因而，40年来，中国的高等教育研究从兴起到发展，取得了丰硕的成果，主要表现为：建立了以高等教育学为主干的高等教育科学学科群，成立了遍及全国的高等教育研究机构，培养了一大批专业人才，高等教育研究刊物大量涌现，刊发了数以万计的高等教育研究论文，出版了数以百计的专著和教材，并根据中国高等教育改革与发展的实际需要，承担并完成了一大批重大攻关项目，为推进中国高等教育事业的发展，做了大量的富有成效的理论与政策的研究工作。总之，中国的高等教育研究已成为社会科学领域中最具活力的领域之一，已经形成了一个规模宏大、成果丰富、人气旺盛的新兴学科领域。其所研究的问题，遍及高等教育理论与实践的方方面面，吸引了众多有关学科的学者和高等教育工作者参加，也吸引了大批青年学生攻读高等教育硕士、博士学位，形成了一支庞大的研究队伍。尤其重要的是一批高等教育学的中青年学者，已经和正在茁壮成长，成为学科领域的骨干力量，活跃于高等教育理论前沿，为中国高等教育的学科建设和问题研究以及培养人才做出了重大贡献。

中国高等教育学中青年学者的共同特点是：都是在这40年间先后进入这一学科领域，对发展中国的高等教育理论都有坚实的基础、突出的贡献和坚定的信心。而其不同的特点则是各有自己的研究重点与成就：有的着重于学科基本理论或分支学科的研究；有的着重于宏观的高等教育理念、结构、体制、管理、评估的研究；有的专心于微观的课程、教学、德育、大学生学习、大学生心理素质的研究；有的长于高等教育发展史或国际与比较高等教育研究。他们的研究成果丰富，有很多创新观点。其中有许多学者已经崭露头角，在国内自教理论界享有盛名，成为相关研究领域的学术带头人、博士生导师。他们亟须有一个交流学术观点、展示研究成果的平台。

第三节 研究综述

一、国内关于教育中人的全面发展研究概况

人的全面发展理论在改革开放之前一直没有得到关注，随着改革的不断深入和发展，人的问题开始得到重视，人的全面发展理论也在沉睡中被唤醒。马克思主义关于人的全面发展理论在我国经历了三十多年的研究历程，大体上可以分为三个阶段：

第一阶段，改革开放以后。随着改革开放的深入和发展，人们的思想观念得到解放，人的问题得到了普遍重视，人的主体性、价值开始成为讨论的焦点，这时期主要从人的全面发展和教育学的角度入手，把人的全面发展理论和教育学的理论结合起来。

第二阶段，市场经济体制确立以后。随着我国社会主义市场经济体制的确立，问题讨论的焦点不再是人的全面发展本身的内涵，而是转向了哲学领域，把人的全面发展理论运用到现实生活中的些实际问题，如人的全面发展理论与现代化建设的关系等。

第三阶段，江泽民同志"七一"讲话以后。2001年，江泽民同志在庆祝中国共产党成立八十周年大会上指出："人的全面发展是社会主义社会的本质要求"；以胡锦涛同志为首的党中央又提出了"以人为本""科学发展观""构建社会主义和谐社会"等新概念，由此提升了这一理论研究的新境界。这时期，问题讨论的焦点转到了对人的全面发展的层次性以及人的全面发展的实现途径上来。

二、国内关于创新教育的研究概况

在我国最早提出创造教育的是著名的教育家陶行知先生，他在上海大学演讲时曾提出："我们要打倒传统的教育，同时提倡创造的教育"；后来在其著作《创造宣言》中又指出"处处是创造之地，天天是创造之时，人人是创造之人"，指

出必须从小就给学生灌输创新意识，着重培养学生的创造能力。在他的大力鼓舞下，人们对创造教育进行了大量的尝试，为我国的创新教育奠定了基础。新中国成立以来，特别是党的十届三中全会后，随着我国社会经济的不断发展，教育也随之发生了一系列的改革，党和国家领导人审时度势，把创新与民族的生死存亡联系起来，指出了"创新是个民族进步的灵魂，是一个国家兴旺发达的不竭动力，一个没有创新能力的民族，难于屹立于世界先进民族之林"。又指出："面对世界科技飞速发展的挑战，我们必须把增强民族创新精神提到关系中华民族兴衰存亡的高度来认识。教育在培育创新精神和培养创造型人才方面肩负着特殊的使命。"《中共中央国务院关于深化教育改革全面推进素质教育的决定》明确指出了培养学生创新精神和实践能力作为教育工作的重点，把创新能力的培养正式列入党和国家的议事日程。以胡锦涛同志为首的党中央明确提出了在2020年要把我国建设成为创新型国家的宏伟目标。创新教育是在科学发展观的指导下，在建设创新型国家和实施科教兴国战略背景下的新课题、新事物。因此，创新教育还处于不断探索、发展和完善之中。我国的创新教育起点较低，还处于初级阶段，许多学校受传统的应试教育模式的束缚，在理论和实践方面，还没有形成较为完整的创新教育体系，我国创新教育的现状与国外相比，还有很大的差距。

人的全面发展是社会主义社会的本质要求，实施创新教育是实现中华民族伟大复兴、建设创新型国家、振兴我国教育事业的必然要求，根本目的就是为了要培养全面发展的人。目前，我国学术界对人的全面发展理论以及创新教育的研究成果颇为丰富，但是把人的全面发展理论和创新教育结合起来探讨几乎是没有的。因此，希望本书能对今后更深入地研究如何从人的全面发展理论来研究创新教育起到个抛砖引玉的作用。

第四节 创新及创新素质理论

一、创新的科学内涵

综合考察国内外研究,关于创新概念的界定不具确定性,普遍为人们所接受的创新概念尚不存在,原因是人们选择了不同的表达式或立足不同的衡量指标来解释同一现象。概括起来,对创新的同义表达有创造、发明、创意、创造力、创新素养、创新能力等。这些不同表达之间从字面意义和语法修辞上有所区别,并不说明它们有本质上的差异。这些表达都共同指向了所指事物之本质,映射出创新所具有的实际内涵。纵观创新的起源,并对国内外关于创新的不同看法进行对比分析,会使我们对创新有更深入的了解和认知。

(一)创新起源

在我国,很早就有了自觉创新的思想和论述,《尚书》中曾多次提到创新意识的重要性。《仲虺之诰》中说"德日新,万邦惟怀"。德政不断更新、进步,各国为之归向。世道有升有降,有兴有衰,政教也要依从世道变化而变化;《大学》则引用汤之盘铭"苟日新,日日新,又日新"。《诗》中有"周虽旧邦,其命维新",这些都充分表现了日新精神和生生之德,体现了不断创生、创新的精神取向。儒家的重要经典《易传》同样阐发了生生之义与日新盛德,《系辞》中说:"富有之谓大业,日新之谓盛德,生生之谓易;成像之谓乾,效法之谓坤;极数知来之谓占,通变之谓事,阴阳不测之谓神。"《易传》认为,天道的本性就是生生不息,世间的事物无一不是在天道的生生之德中化成裁就,因此,顺承天道而行的万事万物,也以此日新精神和生不息之理作为自己的本性,即将不断地创新作为最高的道德,不断地通过创新推动发展变化。虽然创新意识在我国出现很早,但"创新"一词出现在中文中,大约到了公元 6 世纪初,表达的主要是制度方面的革新和改造,如《魏书》中有"革弊创新者,皇之志也"。《周书》中有"自魏孝武西迁,雅乐废缺，征博采遗逸，稽诸典故，创新改旧，方始备焉"。《南史》中有"今贵妃盖天秩之崇班，理应创新"。社会的发展使得"创新"这一词语的外延逐渐丰富，随着明中叶"百姓日用之学"进入教育范围和平民教育思潮的开启，随着西方自然科学的引进和明末清初"经世致用"实学教育思潮的形成，随着中国传统的"四部之学"向"七科之学"演进，"创新"一词使用的范围不断扩展，终于涵盖到科学、技术、知识、文化、教育、制度、理论等领域。可以看出，从古代到近代关于创新的理解是建立在社会性的整体意义上的，几乎看不到从个体的创新能力或创新素养角度来探讨创新的痕迹，即使个体在社会改造和发展中发挥了如何大的作用，不论是谁的创新思想和创造性举措给时代和社会带来的变革都被融入社会的整体发展脉络中，人作为个体的力量我们无法感受，这也是我们今天之所以要研究和突破这个问题的原因。

在英语里，创新（innovation）一词源于拉丁语里的"innovare"，意思是更新、制造新的东西或改变。与创新紧密相关的创造力（creativity）是由拉丁语"creare"一词派生出来的。"creare"意指创造、创建、生成、造成，指在原先一无所有的情况下创造出新的东西，创新与创造词源意义相近。追溯创新和创造力的研究历史，最早可以追溯至古希腊时期，哲学家们从各种不同角度来研究人的创造特性。苏格拉底提出，有思考力的人是万物的准绳。亚里士多德在其著作《伦理学》中将"创造"定义为"产生前所未有的事物"。近代以来，哲学家们从唯理主义、唯心主义、经验主义的不同观点对创造力进行解释。19世纪中叶，当心理学发展成熟之际，学者们将创造力和想象力联系在一起，作为创造发明的一种心理基础，也意味着对创造力的认识进入科学的阶段。英国的弗朗西斯·高尔顿是研究创造心理的先驱。他于1869年出版了《遗传的天才》一书，标志着采用科学方法研究创造性的开始。自此之后，有许多关于创造性的文章发表，如贾斯特罗发表了《发明的心理》（Jaslraw，1898），瑞伯特发表了《论创造性想象》（Ribot，1906），等。但这一阶段的研究多偏重于理论的思辨研究，缺少实证研究。20世纪50年代以来，国外在创新的理论研究、实践研究和研究方法使用上都不同程度地取得了许多突破性成果，在理论研究方面，涉足有创造性人才的人格特征、创造性的加工阶段、创造性过程、创造性和智力的关系等问题。实践研究方面，有创造性和教育工作的研究、创造者的特征及发展研究。方法上，开始系统编制测验量表，用心理测验来研究创造性。

目前，国际上比较公认的"创新"一词源于1912年经济学家约瑟夫·熊彼特（Joseph Schumpeter）所著的《保济发展理论》。此书中，熊彼特首次明确提出"创新"的概念。他给创新下的定义是"生产要素的重新组合"。其形式包括五种：引进一种新产品；开辟一个新市场；找到一种原料的新来源；发明一种新工艺流程；采用一种新企业组织形式。这个概念一直延续至今，而且创新也不仅仅局限于经济领域，更是扩展到政治、科技、文化、军事、教育、社会生活的许多方面，构成了现代创新概念体系。因此，研究创新须在特定的历史时期，结合特定的领域和特定目的施以研究。

（二）创新释义

创新是人类为满足自身需要，以新思维、新发明和新描述为特征，不断拓展对客观世界的认浜能力和实践能力的活动，是人类主观能动性的高级表现形式。在西方，英语中innovation（创新）这个词起源于拉丁语，它原意有3层含义：第一层含义是更新，就是对原有的东西进行替换；第二层含义是创造新的东西，就是创造出原来没有的东西；第三层含义是改变，就是对原有的东西进行发展和改造。在汉语中，创新一词也出现得很早，有"革弊创新""创新改旧"等说法。《现代汉语词典》中对创新的解释是：抛开旧的，创造新的；创造性；新意等。

美籍奥地利经济学家熊彼特较早地给创新以系统定义。1912年，熊彼特在其著作《经济发展理论》中提出创新理论。他指出，创新是指企业家对生产要素，进行新的组合，从而获得超额利润的过程。这种新的组合包含了5种情况：一是引入一种新产品或提供一种新的产品质量；二是采用一种新的方法；三是开辟一个新的市场；四是获得一种原料或半成品的新的供给来源；五是实行一种新的企业组织形式。在熊彼特创新概念的基础上，人们进一步提出技术创新、产品创新、过程创新、制度创新、体制创新等一系列概念，并将微观领域的创新活动上升到国家宏观层面，提出国家创新体系等概念。

虽然学术界对"创新"尚未有统一定义，但是从一般意义上来看，我们认为，创新是指打破已有的思维模式或常规的思路和见解，利用有限的资源在特定的环境下改进或创造新的事物，探索新的方法和路径，并取得一定效果的行为和过程。具体来讲，可从以下几方面进行理解。

（1）创新是获取收益中的一个阶段。在这个阶段，需要突破常规，打破传统，产生新设想和新概念，并将其发展到实际应用的阶段。

（2）创新是创造和引进某种有用新事物的过程。在这个过程中，从发现潜在的要求开始，运用知识或相关信息进行创造，并经历事物的可行性检验，直至新事物的广泛应用为止。

（3）创新具有解决问题的作用。创新可以在解决经济问题、社会问题和技术问题等范围内发挥广泛的作用，它是每个人都可以参与的事业。

（4）创新以取得的成果和成效为评价尺度。任何创新活动的目的都是为了取得一定的成果并推广应用，根据成果和成效可以分为小级别创新、突破性创新和工程研式创新。

二、创新的特点和类型

（一）创新的特点

从创新的定义和含义可以看出，创新是对于重复、简单的劳动方式的否定，是对原有事物进行根本性变革或综合性改造，它具有以下几方面的特点。

1. 目标性

创新的目标就是通过创新活动，在一定时期内预期所要达到的结果。不同的创新活动具有不同的目标，企业创新活动的目标是提高核心竞争力，从而赢得市场。

2. 变革性

创新是对原有事物的改革和革新，是一种深刻的变革。只要变革的方向正确，目标明确，就可以突破已有限制，获得更大的生存空间。

3. 新颖性

创新的新颖性是指创造者对现有的不合理事物进行扬弃，革除过时的内容，创造出前所未有的东西。

4. 前瞻性

由于创新就是相对于他人的首创行为，因此创新往往超前于社会认识，能把握未来事物的发展方向。

5. 价值性

价值性不是单纯提高产品的技术竞争力，而是通过为顾客创造更多的价值来争取顾客，赢得企业的成功，由此开辟一个全新的、非竞争性的市场空间。

（二）创新的类型

1. 产品创新

产品创新就是研究开发和生产出更好的、用以满足顾客需求的产品，使其性能更好，外观更美，使用更便捷、更安全，总费用更低，更符合环境保护的要求。因为产品是满足社会需要、参与竞争、直接体现企业价值的东西，因而这是企业创新的主要任务。产品创新可在 3 个层面上实现：开发出具有新功能的产品，例如 3D 打印产品；产品结构方面的改进；外观方面的改进。

2. 技术创新

技术创新是指采用新的生产方法或新的原料生产产品，以达到保证质量、降低成本、保护环境或使生产过程更加安全和省力。技术创新可在 4 个层面上实现。

（1）工艺路线的革新，这是生产方式思路的改变。例如：用精密铸造、精密锻造技术代替金属切削生产复杂的机械零件，可大大缩短生产周期，降低成本。

（2）材料替代和重组。例如，前几年，美国农产品过剩，农场主负债累累，政府补贴农业财政负担沉重。堪萨斯等农业州的农民与大学合作，从环保角度出发，以农产品做原料生产工业产品，比如用玉米生产一次性水杯、餐具和包装盒；从玉米中提取燃烧用的乙醇；从大豆中提取润滑油替代石油产品等，受到市场欢迎，政府决定给予减税和强制推行等政策支持。

（3）工艺装备的革新。例如，用电脑绣花机代替手工绣花；用数控机床代替手工操作机床等。

（4）操作方法的革新。用更省力、更高效的操作方法代替过去一些传统的、不适应现代技术进步的操作方法。

3. 制度创新

制度创新是从社会经济角度来分析企业系统中各成员间正式关系的调整和实革。制度是组织运行方式的原则规定。企业制度主要包括产权制度、经营制度和管理制度等3方面的内容。

4. 其他方面的创新

其他方面的创新包括商业模式创新、结构创新、环境创新、市场创新等。

三、创新的原则

（一）科学性原则

创新必须遵循科学技术原理，不得有违科学发展规律。因为任何违背科学技术原理的创新都是不能获得成功的。

（二）市场性原则

创新设想要获得最后的成果，必须经受往市场的严峻考验。爱迪生曾说："我不打算发明任何卖不出去的东西，因为不能卖出去的东西都没有达到成功的顶点。能销售出去就证明了它的实用性，而实用性就是成功。"创新设想经受市场考验，实现商品化、市场化要按市场评价的原则来分析。其评价通常是从市场寿命观、市场定位观、市场特色观、市场容量观、市场价格观和市场风险观等6方面入手，考察创新对象的商品化和市场化的发展前景。而最基本的要点则是考察该创新的使用价值是否大于它的销售价格，也就是要看它的性能是否优良、价格是否合适。

（三）择优性原则

创新产物不可能是十全十美的。在创新过程中利用创造原理和方法从而获得许多创新设想，它们各有千秋，这时就需要人们按相对较优的原则，从创新技术先进性、创新经济合理性、创新整体效果性等方面对设想进行判断选择。

（四）简洁性原则

在现有的科学水平和技术条件下，如不限制实现创新方式和手段的复杂性，所付出的代价可能远远超出合理程度，使得创新的设想或结果毫无使用价值。在科技竞争日趋激烈的今天，结构复杂、功能冗余、使用烦琐已成为技术不成熟的标志。因此，在创新过程中要始终贯彻机理简单的原则。

四、创新素养的构成体系及其特征

（一）创新素养的构成体系

通过文献整理能够看出，被认为具有创新特质的创新主体，他们在各种可能的境况下都敢于试新，敢于挑战自己专业领域内现有的各种弊端，并将此作为个人为之不懈努力的强烈的行动目标，直至达到他们预期的设想。这个过程中凝聚了他们独特的创新素养，比如，强大的知识体系、创新的思维倾向、动机水平较强的个性心理特征、孕育创新思想和行为的土壤等，这是毫无疑问的，因为他们所取得的成果是超前的或前所未有的，为社会和大众带来了正被分享和传播的"人工能源，社会需要这种效力巨大的通过人力创造出来的能源，需要有更多创造这种"能源"的人。对这一类型人的创新素养构成体系的各个方面及其特征进行考察，缘于对创新个体特征认识以及为研究提供可供参考的参照系的需要。

吉尔福特（J.P.Guildfordr, 1967）从智力品质和认知风格角度把创造性分解为：①敏感性，即容易接受新事物，发现新问题；②流畅性，即思维敏捷，反应迅速，对于特定的问题情境能顺利产生多种反应或提出多种答案；③灵活性，即具有较强的应变能力和适应性，具有灵活改变取向的能力，能发挥自由联想；④独创性，即产生新的非凡思想的能力，表现为产生新奇、罕见、首创的观念和成就；⑤再定义性，即善于发现特定事物的多种使用方法；⑥洞察性，即能够通过事物的表面现象，认清其内在的含义、特性或多样性，能进行意义的变换。从人格特征方面，吉尔福特等人的研究表明富有创造性的个体的人格特征是：①有高度的自觉性和独立性；②有旺盛的求知欲；③有强烈的好奇心，对事物的运动机理有深究的动机；④知识面广，工作中讲求条理性、准确性、严格性；⑤有丰富的想象力，敏锐的直觉，喜好抽象思维，对智力活动与游戏有广泛兴趣；⑥富有幽默感，表现出卓越的文艺天赋；⑦意志品质出众，能排除外界干扰，长时间地专注于某个感兴趣的问题之中。

根据吉尔福特关于创新素质构成体系的综合分析来看，这一体系主要由创新的操作系统和创新的动力系统两个主要系统构成。其中，智力结构、创新思维、想象力、知识（认知风格）构成创新的操作系统；非智力范畴内的气质品质、动机特性（包括兴趣）、情感、意志、性格则构成创新的动力系统。这个由相互联系的两个系统构成的结构也同时构成了人的创新素养的参照系，为现实考察提供了依据。

（二）创新素养的构成要素及其特征

创新素养的构成要素包括知识结构、认知能力、创新意识、创新思维及人格特征。其依据是吉尔福特关于创新特质的系统描述。

1. 知识结构

知识是创新产生的必要条件但非充分条件。掌握大量知识并不一定就一定能实现创新，实现创新需要拥有高质量的知识和贯通性的知识结构。

（1）高质量的知识表征

1）条件化

当不知道学到的知识在什么情况下使用时，这些知识就是僵死的知识。为了避免知识僵死，在储存知识时有必要将所学的知识与知识应用的触发条件结合起来，形成条件性知识。当面临问题、任务时，能有效提取并应用有关知识是知识有效性、活跃性的重要表现。

2）结构化

当知识无法以分类、分层、排序的方式进行储存时，则无法在熟悉的记忆环境里顺利编码、联结、提取。因为没有被熟悉的记忆环境所强化、吸收，这样的知识会被逐渐淡化乃至遗忘。相反，当知识以层次网络方式，即结构化方式表征时，有助于问题的解决和创新的产生，原因是知识结构化加强了上层的知识节点（抽象知识）与下层的知识节点（相对更具体的知识）之间的某种关系的联结，通过这一关系线索能够顺利进行从抽象到具体或从具体到抽象的动力传递。由此来看，结构良好的知识有利于创新。

3）自动化

实验表明，熟练的、自动化的知识有助于问题解决和思维操作的顺利进行。自动化知识可以快速、方便地组织、提取来应对当前的问题情境。知识的熟练和自动化过程，是一个从知识记忆模糊到条理清晰再到有效迁移的反复强化过程，个体在这一过程中付出了巨大的脑力方面的努力。当然，随着知识熟练程度的积累，这种努力的紧张程度也会减弱，将关注点投向新的知识，有利于新的思维模式的引入，实现知识积累的螺旋式发展。

4）策略化

知识能够对一般现象进行最概括、最本质的解释，而策略性知识是指在学习情境中，人们对任务的认识、对学习方法的选择和对学习过程的调控。策略性知识包括认知策略、调控策略和资源管理策略三部分。运用策略性知识监控思维的信息加工过程和任务完成过程，能够帮助人们选择恰当策略和优化执行过程。

条件化、结构化、自动化、策略化是高质量知识的表征。在问题解决过程中，这样的知识可以被有效地提取和被创造性地使用。

（2）合理的知识结构

创新不仅要求人们具有较高的知识水平，还需要有合理的知识结构。这一结构中有五种知识必不可少。①基础知识，也称一般知识或外围知识，一般指社会生活各个领域的一般常识，是高深的专业知识的基础。②专业知识，亦称学科知识或圈内知识，是包括同一领域和同一方向的相关学科的联合体，是所从事的创造活动领域中的知识系列。③哲学知识，即高度抽象的知识结晶，是指导认识与实践的最概括的方法论。④方法论知识，即包括学习方法、记忆方法、思维方法、科研方法在内的知识，这些方法能使知识得到有效利用和开拓创新。⑤创新技法知识，是人们根据创新活动的经验和创新思维发展规律总结和归纳的实用性的创新技巧、方法及原理。知识结构的合理程度直接影响创新思维的流畅性、变通性、新颖性和创造的优势。构建合理的知识结构有利于创新在实践和现实层面的真正实现。

（3）默会知识及其作用

首次从人类知识中区分出默会知识的人是英国著名哲学家、物理学家波兰尼（Michael Polanyi, 1958）。默会知识（Tacit Knowledge）是人类知识中的重要一维，默会知识本质上是一种理解力，是领会经验、把握经验、重组经验并达到对经验理智控制的能力，是个体在实践生活中获得的知识，对于科学研究具有重要意义。因为，默会知识是各种表达符号、公式、图形、概念、原理等显性知识在个人头脑中的理解，也是个人与他人在认知结果上达成共识，进行沟通、分享的重要实现途径。

扎克曼（Zuckerman，1977）用科学社会学方法探讨了杰出科学家之间，尤其是师徒之间的关系，她在这一关系的调查中发现，默会知识对科学研究者本人以及研究合作中的他人都有重要影响作用。扎克曼研究的一项结果表明，至1972年，已评出的92名美国诺贝尔科学奖获得者中，有48名曾经身为老诺贝尔奖获得者的学生、博士后或年轻同事这种通过师徒关系在不同代际间延续的，或作为"徒弟"时从"师傅"那里学到的不是显性知识，而是诸如思维模式、工作标准、作业方式等更大范围的倾向性态度和不能明确表达的思维和工作方法等方面的默会知识。默会知识观认为，越是新知识其隐形的内涵就越多，提供给人们的新的暗示的机会也越大，这种隐含在默会知识中的创新因素对教育和研究都是非常重要的。

如何获得默会知识呢？要获得默会知识就必须了解默会知识存在于哪里？以什么样的形式存在着？波兰尼（MichaelPolanyi，1958）早已指出，默会知识首先是与个人的身份联系在一起的，这些关乎身份的行动知识，包括言谈方式、行为准则、道德规范等，大都以默会方式来把握。其次，默会知识存在于一定的情境之中。默会知识与特定文化传统中人们共同分享的符号、概念、知识体系是分不开的。显性知识往往传达的是一些显性的社会规范，而实际支配人们行为的则是那些深深根植于社会文化传统的潜规则，默会知识涉及的这种情境性，使它无法脱离于一定的社会实践，只有共享了这种社会生活实践，才能获得默会知识。既然默会知识存在于社会实践中，存在于实践参与者的共同体中，因而，学习默会知识则要进入默会知识存在的实践共同体中，与特定的任务、问题情境联系在一起。

以上分析说明，知识结构作为创新素质构成的重要方面，在内容上要求尽量最大化，掌握一定的理论基础知识、深厚的专业知识、广泛的临近学科知识、科学技术发展前沿知识及在实践中积累的默会知识，并能做到各种知识的条件化、结构化、自动化和策略化，才能保证创新的实现。

2. 认知能力

认知能力指人脑加工、储存和提取信息的能力，是人们把握事物构成、性能与他物的关系、发展动力、发展方向以及事物基本规律的能力。认知能力是人们成功完成各种实践性活动最重要的心理条件。认知能力与观察力、记忆力、想象力、思维力、操作力密切相关，并通过这些方面来反映。

（1）观察力

观察力是指主体正确观察对象、认识对象的能力，体现个体在观察活动中表现出来的智力和观察水平的高低。作为主体的一种基本能力，在观察的敏锐性和准确性方面，不同主体间存在较大差异。创新需要敏锐的观察力，其主要特征有：①具有强烈的观察意识；②具有明确的观察目的和任务；③能制订出观察计划；④能做到全神贯注，注意力集中；⑤能运用相关知识和科学的观察方法；⑥能做到观察的敏锐性、准确性、全面性；⑦吃苦耐劳，持之以恒。

（2）记忆力

记忆力是指人们对经验的识记、保持和再现的能力；从信息加工的角度看，记忆力指人脑对信息的输入、编码、储存和提取的能力，体现个体识记力、保持力和再现力方面的高低强弱。对于创新而言，记忆力是主体创新的基础和前提，积累经验、扩大知识和应用知识须通过记忆来实现。创新也须以记忆为基础，并在记忆品质上有所要求，其特征有：①记忆敏捷、记忆速度快；②记忆内容多，记忆广度大；③记忆准确无误；④记忆持久；⑤对记忆内容提取速度快。

（3）想象力

想象力是指人们在现有认识基础上，在头脑中加工、处理各种信息，构建新形象的能力。对创新而言，想象力的作用更加重要。人类任何创新成果，首先在头脑中以想象的方式呈现出来，经过思维加工，在实践中创新。创新思维借助想象和渗透着想象。爱因斯坦曾说过，想象比知识更重要，因为知识是有限的，而想象力概括着世界上的一切，推动着进步，并且是知识进化的源泉。严格地说，想象力是科学研究中的实在因素。

人人具有想象力，但个体间的想象力有很大差异，对于创新个体来说，其想象力丰富、积极、主动、灵活、具体、鲜明、独特、新颖，有实现的可能性和进步意义。

（4）思维力

思维力指主体运用一定知识，通过理解、比较、分析、综合、抽象、概括、判断、推理、论证和表述，得出某种正确结论和问题解决方案的能力。思维力的高低取决于：①具有较强的理解力，能理性地把握对象本质，准确理解、领会外来信息意义；②具有较强的比较力，能很快地区分事物、对象，抓住问题的根本和实质，形成真理性认识；③具有较强的分析力，能够将反映于头脑中的对象分为不同部分、不同层次、不同要素、不同细节，进行定性的、定量的、因果的、结构的、关系的研究，从而更深入、更准确地把握事物内在联系及其本质属性；④具有较强的综合力，从宏观上形成对事物整体性质、整体特点和整体功能的认识；⑤具有较强的抽象力，即能舍去事物的非特有本质和次要属性，抽取其本质属性，并形成概念和范畴；⑥具有较强的概括力，即揭示出某一类事物的共同本质、共同规律，形成一般范畴和范畴体系，建立理论；⑦具有较强的判断力，即对事物属性、关系和功能进行判明和断定，并进行决策；⑧具有较强的推理力，即能够根据已有知识经验，合乎逻辑地推演出新判断、新命题、新假设、新知识、新理论；⑨具有较强的论证力，即通过合理的判断、推理，使用正确的方法、策略对某一不确定性结论进行证实或证伪；⑩具有较强的表述力，即借助语言文字、公式符号、数据图表等表达思维过程和思维结果。

（5）操作力

操作力也称动手力或实践力，指主体运用已有知识、技能，接受思维指令，调动自身各肢体，改变客体现存形态以适应主体需要的能力。从根本上来说，操作力是智力和脑力的支出，是手脑并用，表现了心理对生理的支配，是信息的输出和应用。具有较强的操作力和实践能力，是创新成功的保证，其主要特征有：①操作准确，偏差小；②眼明手快，动作敏捷；③各种操作动作协调，程序合理，技术到位，技巧熟练；④操作灵活，能根据客观情况变化及时调整操作程序、方式和操作过程。

组成认知能力的观察力、记忆力、想象力、思维力、操作力各个方面联合作用于主体的认知过程，在个体间形成差异性表现，从而也对人们的创新倾向及创新实践产生不同程度的影响，实现创新，则要对以上各个方面进行训练和提高。

3. 创新意识

创新意识指创新主体在不断运动变化的外界刺激下，自觉产生的改造客体现状的创新意愿、创新观点、创新思想等的总和，是一切创新的观念形态。①创新意识不同于一般意识，其不同表现为勇于、敢于、善于破旧立新，它有利于创新活动的发生、进行和完成，是创新活动的反映，亦是创新活动的动力。创新意识的特点有：①怀疑、超越、破旧立新是其根本表现；②进步、发展是创新意识的价值要求；③审美，使人得到美的享受是创新意识的追求；④感性与理性的统一，显意识与潜意识的统一，智力与非智力的统一，知识与道德品质的统一，灵感直觉与分析综合的统一，各种具体意识创新品格的有机统一是创新意识的突出特征。

4. 创新思维

创新思维指主体在实践经验基础上，通过超常的思考方式，产生独特新颖认识成果的心理活动；从信息论的角度看，创新思维是大脑对内外信息进行加工改造，发现新问题、产生新关系、形成新组合、新模式的活动过程，创新思维的主要特征有：①创新思维具有突破性，即打破思维定式，怀疑批判已有观点理论；②创新思维具有新颖性，即使用了新材料、新方法，产生新思路；③创新思维具有独立性，即不迷信、不盲从，不屈服任何权威，不满足现成方法和答案，有充分的思维自主性和自由性；④创新思维具有综合性，即创新思维过程中，同时包含逻辑思维、形象思维、发散思维、聚合思维、求同思维、求异思维、正向思维、逆向思维等不同形式，还运用了观察、直觉、想象、灵感、假说等许多非思维形式，创造性地认识和构建新事物；⑤创新思维具有辩证性，即遵循辩证法原理，联系地、发展地看问题，随事物变化，不断调整思考问题的角度和方式，修正已有观点或结论；⑥创新思维具有开放性，即在创新活动过程中，不断地吸收外界新信息、新材料，突破旧有的思维定式。

5.人格特征

人格特征指在组成人格的因素中，能引发人们行为和主动引导人的行为，使个人面对不同种类的刺激，都能做出相同反映的心理结构。人格特质反映的是在不同时间与不同情境中，人们保持相对一致的行为方式的一种倾向，即跨时间性的和跨环境性的一致性。一个人创造性的发展及其显露，与其人格特性之间有极其显著的关系。根据各种研究和研究比较发现，各类具有创新潜质的人有着共同的人格特征：①有强烈的求知欲，喜欢接受各种新事物；②想象力极为丰富，富于幻想；③对未知的事物怀有强烈的好奇心，敢于探索和发现，不满足于已有的成果和结论；④坚韧不拔，执着追求，深知自己行为的价值；⑤独立自信，反叛、不从众，不轻易相信别人的看法；⑥自制力强，为达到成功目的能克服困难，并在此过程中体验快乐；⑦好孤独，全身心投入自己所从事的事业中。需要指出的是，创造性人格特征并非绝对化的，创新个体身上有时也表现出相互矛盾的人格特征，比如既聪明又天真，既内向又外向，荣格称这种复杂的人格为"成熟的人格"，但对创新个体来说，其人格特征中无法改变的以探奇猎新为动机和为了满足自我求知欲望并坚韧不拔的强烈程度是常人所不能达到的，这也是其人格特征中最固执和使其感到得意的部分。

以上所分析的是创新素养的构成要素及其显著特征。这些构成要素包括知识结构、认知能力、创新意识、创新思维和人格特征，这些方面各自有不同的特征表现，但又同时构成创新素质的内容，是创新研究中不可忽视的部分。

五、创新素养发展的影响因素

人的创新能力的表现过程极为复杂，不是单一条件的作用结果，而是综合地通过创新素养的培育逐渐发展形成，创新素养的构成体系中，有与个体生理和脑机能相关的内在遗传因素，亦即内源生理因素；也有支持人的发展和帮助人的生命价值实现的外部环境因素，亦即外源环境因素，因此，研究创新素养发展的影响因素可分别从个体的内在遗传生理影响和外部环境条件影响两个维度进行。其中，内部影响因素直接与个体的生理机能和脑机能有关，而外部强化与影响作用主要来自家庭、教育、群体组织、社会文化几方面。

（一）内源生理因素

根据创造性生理基础研究者们的研究来看，创造性的高低与个体的生理机能上的差异有一定相关，主要差异由三种途径引发：低水平的皮质激活、脑的右半球比左半球相对容易激活，还有低水平的前额叶激活。而且，创造性个体之间只有在进行创造性活动时，才表现出以上三方面的差别，平时没有这些方面的差异表现。

1. 低水平皮质激活

激活是一种连续过程，可使人从沉睡中觉醒。许多有创造性的天才人物谈到，他们创造性的灵感在类似于沉思的低激活状态下，即低水平皮质激活状态下进行。与低创造性个体相比，高创造性个体能在初级思维加工（primary process）与二级思维加工（secondary process）之间进行很好的转换。初级思维加工是通过具体形象而不是抽象概念进行的，具有类比和自由联想的性质，且皮质处于低水平激活；二级思维加工是以现实为导向的抽象逻辑思维，且皮质处于较高水平激活。创造性灵感常常在意识处于初级加工状态时出现，因为这一状态下，自由联想有利于发现思维元素的新组合，可以说是创新的雏形。实验证明，高创造性个体更容易进入初级思维加工形式，处于低水平皮质激活，他们的联想和幻想活动多于常人，有利于新想法的产生。

也有实验证明，与创造性个体低水平皮质激活相伴随的是散焦注意（defocused attention）。散焦注意是指大容量的注意，且注意内容可能有着很大的跳跃性，这有利于进行独创性思考。创造性个体在类似灵感阶段，会显示低水平的皮质激活，与这一状态相伴的是他们的注意不集中，是一种散焦注意，但这种状况更有利于扩大创造性个体思维的自由组合和头脑中的联想与联想加工，某种灵感或想法出现的可能性会增大。相反，低创造性个体注意力过窄聚焦，有碍于他们进行创造性的思考久由此可见，低水平皮质激活是影响创新的重要生理因素之一。

2. 脑半球的不对称

创造性除了与个体皮质激活水平有关，还与左右半球的活动有关。已有的大量研究证明，大脑右半球与创造性的关联更大。初级思维加工方式在右半球进行，二级思维加工方式在左半球进行。这也意味着，形象的、图形的、整体性加工是在右半球完成的，右半球处理表象信息，进行发散思维、具体形象思维，主管视知觉、形象记忆、想象做梦、发现隐蔽关系、态度、情感等，具有不连续性、弥散性和整体性；语言的、分析的、连续性的加工是在右半球完成的，右半球处理言语信息，进行抽象逻辑思维、分析思维，主管说话、阅读、计算、抽象记忆和时间感觉，具有分析性、连续性、有序性。由于高创造性的个体比低创造性个体进行初级思维加工更多，因此，他们的左右半球表现出明显的不对称，右半球比左半球显示出更多的激活，创造性个体在创造时更多依赖右半球而非左半球。

3. 低水平的前额叶激活

已有关于创新发展的个体生理影响因素的探究中，还有一种观点认为，高创造性的个体有认知中枢抑制不足的倾向，经研究证明，前额叶含有这种抑制。这也就是说，在进行创造性活动时，创造性高的个体比创造性低的个体表现出低水平的前额叶激活。

所有相关研究几乎都表明，影响创造活动发生的个体基本生理条件是：低水平皮质激活、脑的右半球比左半球激活、低水平的前额叶激活。

（二）外源环境因素

影响创新发展的外源环境因素归纳起来有家庭、教育、群体组织和社会文化几个方面。这些方面构成了影响创新素养发展的客观因素，各有侧重地从不同方面对个体的创新素养发展产生影响，或许是积极的，也有可能是消极的。

1. 家庭的影响

家庭中，家庭的历史、家庭的教育方式、父母的行为方式、父母的教养方式对一个人的创新发展都会有显著影响。

（1）家庭历史对创新发展的影响

有学者曾指出，人的创新发展离不开一些特殊的群体背景模式，比如，家庭型连锁反应现象、师徒型连锁反应现象、学派型连锁反应现象、地域型连锁反应现象等。其中家庭型连锁反应现象就是指家庭历史特点对人的创新发展的影响。

对中外历史上的名人家庭及其家族历史的考察和研究皆证明了家庭代际之间（一般是两代之间）在性情修养、兴趣爱好、价值观念、家庭传统、社会职业选择等方面的倾向性趋同。布鲁姆（Bloomf1985）、费尔德曼（Feld man, 1994）都通过研究证明了这一点。布鲁姆对在数学、音乐、医学等领域已取得卓著成就者进行了长期研究并发现，在他们的家庭历史中，至少两代人在同一领域或与之紧密相关的领域司职或从业。家庭的成长氛围和环境使得其子女自然地接近和有机会参与同一领域，这种由家庭成员的社会职业身份和角色所带来的影响，对其子女的影响是先入为主的，甚至是无法再矫正的，这种经由家庭组织带来的天然和便利条件，增加了其子女接近和参与这一领域的可能性上同样地，费尔德曼的研究也表明，家庭的遗传历史、父母的生育年龄、儿童的性别和出生次序、父母的工作种类和地位、家庭的宗教信仰、家庭资源的数量和种类等方面的不同，将对其子女未来的发展带来不同的影响，可能会使得来自不同家庭的个体之间存在发展程度上的差异。

（2）家庭教育方式对创新发展的影响

家庭教育的方式一般有三种，即压制型、溺爱型和民主型。其中，压制型和溺爱型的教育方式都不能调动孩子的自主性，容易使孩子养成顺从、依赖、无主见、创造性水平低等不良的行为表现。相对来说,民主型的家庭教育方式是以尊重子女的主体性发展倾向为特征的,对孩子的个性品质培养和创造动机的激活都有积极的影响,并支持子女积极参加各种活动,增加他们的身心体验,提高他们的创造性。

大量证据表明,民主型的家庭能促进孩子创造性能力的养成,基本的表现是,父母与子女之间的交往比较强调理性,较少权威的限制,父母尊重自己的孩子,相信孩子的能力,鼓励独立,较少表现出过分的关照,父母双方对孩子的评判较理性,以尊重事实的态度来影响孩子。由此看来,民主和客观的态度有利于子女创新能力的发展。

(3)父母的行为及教养方式对创新发展的影响

在人的发展早期,正是各种行为习惯养成的时期,孩童的独立判断能力尚未发展成熟,对事物的认识停留在初级的感知阶段,主要通过模仿来适应不熟悉的环境,尤其是父母的行为方式更易为其子女所效仿,直接影响孩子的身心发展。许多研究证明,父母的行为方式和行为特征对其子女的创造性发展有极大影响,高创造性个体的父母通常所表现出来的行为方式有:①父母富于表达性,与子女间沟通平等和谐,不互相隐瞒情绪;②父母总是愿意让孩子自由表达自己的想法;③父母双方都有独立性,互相尊重;④父母比较偏重兴趣、坦率、价值等个人内部个性特征,对礼貌、好学上进等社会外部行为特征的要求不是很高;⑤父母善于发现孩子的兴趣、特长,并为其子女提供发展其才能所必需的良好条件;⑥父母兴趣爱好广泛,母亲待人平等,允许子女与外界联系,不教条,少专断;⑦父母对事物极具好奇心,做事坚持不懈、一丝不苟,并试图通过不同的方式解决问题等。父母的这些行为方式为其子女提供了愿意想象和尝试的自由空间,增加了孩子愿意挑战新事物的勇气和动机,也为其子女树立了榜样,孩子们通过隐性学习将会习得创造性的人格品质及思维方式。

2. 教育的影响

学校教育在取得创造性成就中具有重要作用,一是使受教育者在他们感兴趣的领域获得了做好了准备,二是个体天生的创造力差异能够通过发展人的能力和发展人的创造性思维的有意识的教育活动而予以缩小。根据教育活动的特点可以发现，对个体创新性产生影响的主要教育因素有教师、教学方式、课程结构、学业评价和教育环境。

（1）教师的影响

教师对学生创新性的影响体现在三个方面：教师的品格、教师的学识、师生之间的关系。教师品格有教师个人品格和教师职业品格之分。个人品格比如忍耐、体谅、兴趣广泛、宽容、合作、民主、具有强烈的求知欲和创新精神等，职业品格比如对知识和真理的坚持和追求，对学生的关怀和对教学的热爱，对专业水平的孜孜以求等。教师的学识方面，比如有宽厚的知识储备、长于启思、长于发展和改变、思维活跃、处处闪耀思想的灵光和智慧、善于解决问题等。师生关系是指教师和学生在教育、教学活动过程中结成的相互关系，反映彼此所处的地位、作用和态度等。在人格上，师生关系是平等关系；在教育过程中是授受关系；在社会道德上是相互促进的关系。良好的师生关系对学生的心理和发展有积极的影响，是学生创造性养成的重要保证。这是因为，良好的师生关系首先能为学生营造一种安全的心理环境，即一种相互理解、支持的环境，没有等级划分的环境，在这种环境中，可以消除学生内心的恐惧，在比较安全的心理环境下积极思考、努力探索并形成创新品质和能力。其次，良好的师生关系能够为学生营造一种自由、宽松的学习环境，有利于学生的理性批判和理性怀疑精神的养成，这两种精神正是创新人格所必需的心理品质，表现了学生不盲从权威、对事物能够进行理性思考、分析、怀疑和批判的创新品质。再次，良好的师生关系能够促进学生自主学习能力的养成。所谓自主学习是指学生自己主动学习、自我管理整个学习过程，即学生以个性化的方式制定学习目标、调整学习策略、评价学习结果、管理学习过程，包括自我识别、自我选择、自我培养、自我控制等几个方面，这种自主学习方式需要在师生平等、自由、对话的基础上进行，教师充分相信学生的潜能，给学生自由表达的机会和独立学习的机会，发展学生的自主性和创新性。

（2）教学组织形式的影响

班级授课制是目前学校教育普遍采用的一种教学组织形式，其主要优点是：

能经济有效和大面积地培养人才；有利于学习活动循序渐进地进行，使学生获得系统的科学知识；能够有计划、有组织地安排教学活动；发挥了教师的主导作用。但班级授课制也表现出严重的不足：学生在学习中的主体性受到限制，探索、实践和自主创新较少，学生缺乏创新精神、创新思想和创新能力，学生的动手能力和实践性不强。

为了弥补传统教学组织形式的不足，人们做了各种有益尝试和实践，提出了诸如设计教学法、案例教学法、程序教学法、活动教学法等许多新的教学组织形式，这些方法所坚持的重要理念是，以学生为中心，以活动为中心，以直接经验为中心，增强对学生创造能力的培养。

（3）课程结构的影响

课程结构指的是在学校课程的设计与开发过程中，根据课程类型或具体科目组织在一起所形成的课程体系结构。课程体系的结构形态会直接影响学生知识结构的形成和结构特点，包括学科类别的种类、学科间的衔接程度、学科的应用性程度等都会对学生的知识学习和实践带来影响，而且个体所具备的知识结构是其创新的客观物质准备，在很大程度上决定个体创造性显现程度。因此，对学校课程的设置要求：①立足历史前沿，建立能使学生认识、把握未来发展的知识体系和活动体系；②立足于学生的发展和学生创新性的培养，体现主体性和发展学生丰富个性；③具有针对性，适应不同年龄阶段学生的水平和需要，课程设置要适合学生个性差异和潜能差异的必选和自选相结合的体系；④课程设置要具有开放性、选择性和综合性，为学生独立思考、探索、发现提供最大空间；⑤课程设置要突出实践性，便于学生实践和操作，培养学生实践能力。以上方面是学校课程设置中需要注意的重要方面。

（4）学业评价的影响

学业评价指依据一定的评价指标，采用某种工具和途径对学生学习和发展水平进行价值判断的过程。学业评价方式不仅具有判断作用，还具有导向作用，对学生来说，学生会按照评价标准的要求，调整自己的学习活动和努力方向，学业评价可能促进学生的创新性发展，也有可能阻碍学生创新性发展。

当前国内大学生学业评价的主要方式是：标准化成绩测验、教师自编测验、论文测验等，这些评价方式注重对学生基本知识掌握程度的判断，很少对学生的知识应用和转化程度进行评判，这种导向作用，不利于学生创新性能力的养成。而科学的评价方式和评价标准应以学生发展为导向，发展学生天生携带的好奇性、探索性和创造性，而不是因为人为制定的标准、规则等限制人的天性的发展。

（5）教育环境的影响

教育环境是指在一个学校内部与教和学发生直接或间接关系的一切主客观因素。它所包含的范围非常广阔，既包括客观的物质条件，也包括主观的人文条件，还包括在教与学的过程中所涉及的人际关系、物流关系、服务关系等。比如外显的环境如图书、课堂、校舍等，内隐的环境如学习氛围、风气、交往关系等。可以说，环境是促成学生发展的重要条件，对学生具有潜在的影响和熏陶作用，通过创设良好的环境可以协助学校育人活动价值的实现，可以帮助学生能力和创新性地发展。有利于学生创新性发展的环境特征是：以尊重学生个性、多样性为前提，以协商、民主、平等为准则，以鼓励学生多向思维、积极实践、发展学生兴趣爱好和创造性为目的。

3. 群体组织的影响

个人的创新发展是一个连续性的、弥散性的过程，依托和呈现于人们所活动的范围和群体组织中，因此，组织也成为影响人的创新性发展的影响因素之一。组织对人的创新发展的影响作用主要通过组织结构和组织中的人际环境两方面表现出来。

（1）组织结构的影响

组织分工、上下级制度、规章等构成组织结构的外在表现形式，并对个体的创新发展产生影响。研究人员普遍认为分工不利于创造性观念的产生，因为分工意味着对活动任务按人头分配，每个人承担了全部任务中的一部分，对不同任务和步骤间的要求和技能缺乏了解和沟通，不利于全局性创造性观念的产生，也不利于知识技能间的迁移和活用，还会影响对创造性观念的正确评价和广泛接受，一些具有潜在价值的创新观念无法被整体组织在整体范围内承认。另外，组织中的等级制度也不利于创造性观念的产生。因为，创造性观念需要"非理性"因素的参与，创造性观念的产生是相对自由和不确定的，这一点恰恰与组织中有条不紊、按部就班、强调稳定性和明确性的等级制度相悖，从而被整个等级制度否定和拒绝。当然，如果组织能认识到个体创新能力的重要性，并通过人为的协调机制来避免客观上的矛盾，对组织的发展也是非常有意义的。

（2）组织中人际环境的影响

组织中的人际环境是指组织成员间在心理和行为上的相互影响，包括领导时下级的心理影响，也包括下级成员之间的相互心理影响。从国内外研究结论来看，人际环境对个体创造能力发挥的影响主要体现在两方面，即组织中领导者的领导风格对个体创新性的影响和组织成员的人格特质对其他人创新性的影响两方面。如果组织中的领导过分关注权威或对权力长期占有的话，个体的独立行为和创造性想法都会受到来自上层的限制和管制。此外，从组织成员之间的关系来说，成员之间的默契程度、融洽程度、合作程度，还有每个成员个体的自主性、创造性动机、对待问题的态度和思维的方式等也会影响到组织整体创造性的表现。通过改善组织中的人际环境和人际交往将会大大提高个体创造性的发挥。

4. 社会文化的影响

社会文化较于个体而言具有先在性和历史性，这也表明，个体的成长和发展过程不是毫无依托和空洞无物的，也不是每个人都会遭遇相同的历史和毫无差别的社会生活，每一个体都置身某一特定的社会环境和文化环境中，这种外在环境构成了个体心理发展的重要背景。个体的社会性养成、个体的创造力发展皆与这一背景密切相关。社会文化是指某一特定人群所共同享有的并对社会群体施加广泛影响的各种文化现象和文化活动的总称，是一个具有地域特征、民族或群体特征的复杂系统，这一系统包括认知、行为、风俗、历史、价值观、规定、制度、各种语言符号等。在这些组成社会文化的因素中，其中对个体的创新能力发展产生基奠性影响的是观念和语言。观念在时间上具有延续性，在空间上具有广泛性，融合了由集体成员共同演绎和广泛协同的思维范型和主观习惯，语言是构成个体思维的工具。这两个因素不仅造成个体间的发展差异，也带来了民族、国家和地区之间的文化差异。

（1）观念的影响

生活在社会中的人们一方面在汲取社会所提供的精神和物质养分的同时，也被纳入由一系列社会规约、准则、观念所限定的各种关系框架中。在与社会和集体联结的时候，在与他人、社会进行各种交往的过程中，规约、准则、观念等对个体的牵制和影响作用是显而易见的，对人的创造性的发展也可能产生激励或阻碍的作用。比如在价值观上，东西方文化有很大差异，西方文化强调个体价值，认为每个人都是理性的，有能力做出理性选择，尊重个性，强调个人的智力、能力与性格，强调自由发展、自我实现。东方文化强调集体价值，认为社会准则、社会角色、社会关系与群体一致比自我实现更有价值、更重要，根据托兰斯等人的观点，个人主义文化较看重独立、创造性，集体主义文化强调合作、顺从、责任感、对集体中权威的认可，这种差异对创造性表现和发展有不同的影响，自主性、独立性则更有益于创造性的发挥。再如，对待传统的态度，东西方文化也表现出不同。西方尊重个人权利，崇尚平等，不盲从传统和权威，鼓励积极主动、开拓创新。东方文化以中庸之道而长，个体观念和行为过于保守，善于预见未来的危险性，不愿冒险，缺乏创造性。这在现实中的表现也非常明显，尤其在教育理念和教育结果方面差距极大。

（2）语言的影响

语言是思维的工具，是思维过程中不可缺少的要素，直接影响着思维的结果。比如，丰富、灵活的语言使得思维表现同样活跃、开放，具有创造性。因为灵活性的语言可以使人们更善于用不同的方式组织和应用知识，积极产生各种联想，利于人们选择和比较。相反，如果语言贫乏、呆板，思维也会变得狭隘、保守。语言的开放程度、对模糊性的包容程度也是创造性思维过程中所需要的一种特征，因为开放有利于借鉴和吸收，而模糊性给人的创造留下了更大的想象空间和探索空间。由此看来，作为文化载体的语言，对个体的创造性具有导向作用。

人的创新潜能的发展表现过程极为复杂，不是单一条件作用的结果。概括起来，可以把这些影响个体创造力和创新素养发展的因素划分为内源性因素和外源性因素两类。其中外源性因素以内源性因素为基础。这些作为人的创新素养发展条件的内源性因素指人的遗传生理特征和心理特征,这是创造力发生的先决条件,如果不具备内部条件,创造和创新也就无从说起。外源性因素指文化、教育、家庭、社会环境等。外源性因素是创造力被激发、与个体内在因素发生作用,产生创新结果的促成性因素。被人们所赞叹、使用、继承、发展的所有有形的、无形的创造物皆为内源性因素和外源性因素共同作用而产生。

人的创新素养特质主要通过知识结构、认知能力、创新意识、创新思维及人格这些方面表现出来。具有创新特性的人一般来说,具备结构合理的知识,具有综合的认知能力,具有善于破旧立新的创新意识,具有打破思维定式的创新思维,还具有包含创新潜质的人格。

影响人的创新素养发展的内外两类因素,它们各自对人的知识结构、认知能力、创新意识、创新思维及人格这些方面所产生的影响是不同的。内源性因素是人进行认知活动、理性推理活动以及操作活动的生理基础,正如动物具有适合各自的生存的生理条件一样,而促成人的创新素养发展和形成的是在社会环境和实践环境中的长期训练。这里所说的社会环境与实践环境亦即外源性因素,包括文化、社会、家庭、教育的影响,其中文化强调人的民族性方面,社会强调人的各种关系的建立和协调,家庭则强调亲缘关系以及对家庭发展的责任,教育则强调对个体心智的改造和改变。由此可知,在外源性影响因素中,教育活动是影响人发展的最直接活动,以培养人为其目标。

教育对人的发展的影响(包括创新素养发展的影响)主要在组织化的程序、活动以及教育在历史发展过程中所沉淀的特有文化、传统等方面的共同作用下实现。在教育过程中,人的知识容量不断扩大,在日常学习过程中认知能力得到训练,思维也得到训练,人的个性品质在学校的日常交往互动中逐渐形成,在教育中,人获得了不同程度的改变和发展。相比于普通教育,大学教育对人的影响的层次和程度都有所增加,不仅仅因为大学教育活动的核心是高深知识,且教师群体的知识专业化水平高,大学的各种资源丰富,大学具有更浓厚的校园文化氛围。而且就学生自身来看,处于大学教育阶段的学生群体在这个阶段的自我主体意识增强，思想活跃，对各种外部信息比较敏感，理性思维逐渐萌发，学习的自觉性和能动性较强，对适应社会有更迫切的要求，对自我的发展定位也逐渐明晰等。在大学场景中研究人的创新素养发展则更具有时代意义和现实意义，是研究人的发展与教育关系的重要方面。

六、创新意识及培养

（一）创新意识

创新意识是指人们根据社会和个体生活发展的需要，引起创造前所未有的事物或观念的动机，并在创造活动中表现出的意向、愿望和设想。它是人类意识活动中一种积极的、富有成果的表现形式；是人们进行创造活动的出发点和内在动力，是创造性思维和创造力的前提。

创新意识包括创造动机、创造兴趣、创造情感和创造意志。创造动机是创造活动的动力因素，它能推动和激励人们发动和维持进行创造性的活动。创造兴趣能促进创造活动的成功，是促使人们积极探求新奇事物的心理倾向。创造情感是引起、推进乃至完成创造的心理因素，只有具有正确的创造情感才能使创造成功。创造意志是在创造中克服困难、冲破阻碍的心理因素，创造意志具有目的性、顽强性和自制性。

（二）大学生创新意识的培养

创新是一个民族进步的灵魂，是一个国家兴旺发达的不竭动力。创新意识和创新思维是创新教育的核心。培养学生的创新能力必须培养学生的创新意识。21世纪是知识经济时代，知识经济的本质就是创新，培养创新意识是对新时代大学生提出的基本要求，也是大学生必备的素质。

1. 破除创新思维枷锁

影响大学生进行创新思维的枷锁大致有如下5种：从众型思维枷锁、权威型思维枷锁、经验型思维枷锁、书本型思维枷锁、自我贬低型思维枷锁。对于大学生来说，思维的枷锁就像一座监狱，只有将守旧观念丢掉，勇于冲破思维藩篱，才能走进创新的世界。

2. 充分激发创新思维潜能

精通所学，兴趣广泛。创新绝不是无本之木、无源之水，唯有打牢知识的基础，创新才有可能。因此，大学生应精通所学课程，并培养广泛的阅读兴趣。

处处留心皆学问。学习绝不仅限于课堂和读书，事实上，学习无处不在。与他人交流是学习，上网是学习，看电视也是学习，其关键在于我们是不是用心。例如：观看电视剧时我们可以了解一些历史知识，如古人的习俗、衣着、饮食习惯、家具陈设以及计谋等；看现代电视剧可以了解当代年轻人所思所想所为等。

理论与实践相结合。读万卷书，行万里路，唯有理论与实践相结合，理论才有意义。大学生应该活读书、读活书，而不应死读书、读死书。只有精通理论，才可能去改进实践，只有拥有丰富的实践经验，才可能产生新的理论。

打破砂锅问到底。大学生要培养自己的创新能力，应富有怀疑精神，探究各种事物的本源及其实质。

投身社会实践。"实践是检验真理的唯一标准"，要开发大学生的创新意识，培养大学生的创新能力，必须让大学生投身于社会实践中。只有在实践中才能找出想与做的差距，创新理念才能变为现实，创新意识、创新能力才能得到真正的发展。

第二章　大学生教育创新发展理论

第一节　创新教育与高等教育的质量

12世纪中叶，世界上第一批大学于欧洲诞生以来，在数百年的发展过程中，大学曾经被人们比作象牙塔，成为社会精英研究高深学问的殿堂。工业革命至今，高等教育逐步走出了象牙塔，逐渐成为国家经济社会发展的基础，同时也成为社会公众接受教育、获取科技知识的重要场所。教育理念、教育方式的创新和高等教育的质量成为社会普遍关注的重大课题。

一、创新教育与提升高等教育的质量是经济社会发展的迫切要求

当今世界，知识越来越成为提高综合国力和国际竞争力的决定性因索，大学在知识传播、知识应用、知识创新和人力资源培养过程中处于核心地位。领导人在月同济大学百年校庆期间视察学校发表的演讲中指出："一个国家要发展要靠三个方面，第一是人、人才，人的智慧和心灵。第二是要靠能够调动和发挥人们积极性和创造性的政治体制和经济制度。第三要靠科学技术和创新的能力。而这三者都离不开人、人才，离不开现代大学的培养。从中国"十五"期间统计数据看，全国高校累计获得国家自然科学奖75项，占全国受奖总数的55.1%；国家技术发明奖64项，占全国受奖总数的64.4%；国家科技进步奖433项，占全国受奖总数的53.6%。从全球范围来看，70%的SCIENCE和NATURE论文出自大学，75%的诺贝尔科学奖由大学教授获得。这充分说明高等教育为国家经济建设

和社会发展的服务能力不断增强，在基础研究和高新技术研究及促进科技成果转化方面起到了越来越重要的作用。

二、社会公众普遍关注创新教育与高等教育的质量

中国的大学教育承担着提升中国的人力资源开发水平的重大责任，高含金量的大学文凭越来越成为社会公众实现个人梦想的基本条件。中国现代意义上的高等教育只有100多年的历史，规模一直比较小，但20世纪90年代中后期以来，实现了跨越式发展。2006年，全国普通高校招生540万人，是1998年招生108万的5倍，高等教育毛入学率由1998年的9.8%上升到2005年的21%，进入了国际公认的大众化发展阶段。随着中国外交、经济，特别是教育的发展，以及受中国传统文化的吸引，有更多的学生选择到中国来学习，1998年来华留学人数为4.3万人，到2005年，来华留学人数已达14万余人，涉及190个国家和地区。改革开放和高等教育由精英进入大众化阶段以后，使国内公众和国际来华留学生接受高等教育的机会大幅度增加，一定程度上满足了他们接受高等教育、获取知识技能的愿望，但同时新知识、高科技给高等教育教学内容的选择、更新提出了新要求；就业岗位范围和科技含量的增加让社会对高等教育培养人才的种类、业务水平和思想素质的要求越来越高；网络技术在时间、空间上的优势对高等教育传统课程及教学模式提出了新的挑战等，人们更加关注国内外创新教育的最新进展和高等教育的质量。

三、以学生为本，完善创新教育理念

知识经济时代，社会更加需要具有创新意识、创新精神、创新思维、创新能力并能够取得创新成果的创新型人才。在创新型人才培养过程中，关键是教育理念和培养方式创新。同济大学近年探索了KAP人才培养模式，我们强调创新型人才培养必须以学生为本，重视"知识（Knowledge）能力（Ability）、人格（Personality）"三位一体的协调发展。大学教育首先是知识的传播，这个过程应重视博、专结合。高等教育仍然是专业教育，但专业教育要建立在更为广博的知

识基础之上。大学在知识传播过程中要让学生了解人文社会、数理自然、艺术审美以及现代高科技的科普知识等通识。博学是创新的重要基础，也是激发人的思维的前提。大学对学生能力的培养不光要训练开发学生的归纳演绎、分析综合等逻辑思维能力，还要培养提升学生发现问题的能力，动手实践的能力，人际交往的能力等，这些能力往往与科学研究紧密结合，是知识的应用和知识再创新的过程。人格的养成要把中国传统文化中强调的品德、情操、理想、信念等要素的道德人格，和强调自信、敬业、诚信等要素的独立人格的培育结合起来，使学生能够独立思考，创新思维，追求真理，追求真知，开阔视野，开阔胸怀，关心国家民族命运，关心全人类共同的福祉。我们希望大学培养的学生，都能够如温家宝同志在同济大学演讲时所期望的那样，经常地仰望天空，学会做人，学会思考，学会知识和技能，做一个关心世界和国家命运的人。

四、创新教育与提高高等教育质量的实践探索

围绕KAP的教育理念，在多年的教育改革中，我们把培养"口径宽、基础扎实、人文与科学技术交融、具有创新意识、创新精神和潜在领导能力的人才"作为目标，把培养学生的探究兴趣，提高学生的研究能力，养成学生的批判精神作为提高教育质量，培养创新型人才的关键环节，进行了重点探索和实践。

（一）学科建设向交叉集成方向发展

创新型人才培养需要一流的学科建设作为支撑。我们在学科建设中改变单兵作战、单科突进的方式，强调以学科协同发展为主要途径，以人才和知识集成为核心，建立面向国家战略任务和国际学术前沿的跨学科平台与团队。这些学科平台在校内具有高度的开放性和共享性，相关专业教师和学生可以方便地共享资源，贡献智慧，形成跨专业的交流、集成。科技的发展呼唤文理渗透，理工结合，这也是创新型人才培养的趋势。同济大学在上海市高等院校布局调整过程中，已经组建了以城市建设和防灾为纽带的城乡建设战略学科群，和以清洁能源地面交通工具研究为核心的现代装备制造学科群。中远期要规划形成可持续发展学科群、医学和生命科学学科群和文化创意学科群。

（二）课程设置力求博、专平衡

创新型人才在于个性的全面、自由、和谐发展。在课程设置上，我们力求建立一个内容广泛的课程体系，让学生根据自己的兴趣可以自由选修，避免课程设置过分专业化而造成学生知识面越来越窄的倾向。作为传统理工为主的大学，我们加强人文学科建设，不仅要培养本专业学生，还为理工科学生开设文化历史、文学艺术、社会学等方面的选修课程；同时聘请一批校内外知名学者、著名政治家、科学家、文学家、艺术家来校讲课，开设高质量、品牌化的系列讲座，以拓展学生的知识面，培养爱国情感，加强思想教育，提高人文素质，进一步丰富和完善素质教育课程体系。

（三）教学与科研相互促进

大学强大的科研实力和教师们从事的科研项目都应成为提高教学质量、培养大学生研究能力和创新能力的巨大资源。教师的科研能力和创新成果转化为教学内容，可以激励、引导和培养学生的探究兴趣和创新意识。相应地，大批具有强烈求知欲的优秀学生在向教师提问、与教师的交流，参与教师的科研中共同探索，又可以使教师在启发学生过程中不断得到新的收获。这就是中国数千年教育活动中所倡导的"教学相长"。

（四）建设实践基地培养学生综合素质

中国大学生的实践能力不强，创新精神薄弱是创新型人才培养的突出问题。同济大学十分重视实践环节教育，建立了不同类型的实践基地。2003年成为"国家大学生创新试验计划"的十所高校之一，已经建成16个校内大学生创新基地。进入创新基地的学生自己寻找课题，自主成立不同专业学生组成的研发团队，主动寻求老师和社会帮助等。学校还与所在地政府、相关企业在学校周边共同建设大学科技园区，规划建设"环同济知识经济圈"，加强产学研合作，既帮助当地政府调整经济结构，转变经济增长方式，又为学生创造更多便捷的校外实习实践机会。学校在全国各地建立社会实践基地，形成大学与社会无阻隔、无间断的沟通机制，让学生体验和适应社会需求，创造条件让学生经历社会实践，体会团队合作，感悟创新过程；锻炼他们创造、创新、创业的能力。

（五）跨国交流拓展学生国际视野

科学发展的灵魂在于不同思想和文化的撞击，激烈的科学争论与兼容并蓄的科学宽容往往能够引发重大的创新突破。我们把学生接受多元文化的熏陶，加强国际交流合作作为开放环境下培养创新型人才的重要手段，与世界著名大学广泛开展科研合作、学生交换，创造条件让教师、学生获得国际学习的经历；同时学校不断吸引世界各地学生来校学习生活，让不同文化背景和专业基础的学生在校园内自由交流。目前，同济大学国际交流形成了中德、中法和中意三个系列，与联合国环境署联合创办了环境可持续发展学院、与联合国教科文组织合作建立了亚太世界遗产研究与培训中心等。每年校际交流的师生达到2000余人，在校留学生人数也接近2000人，并在德国和日本建立了孔子学院。

六是教学管理建立质量保证体系。教学管理是一项系统工程，严格的教学管理是提高教学质量的前提。学校探索形成一个具有质量指标、师资建设、资源配置和过程管理四大环节，涉及基础教学设施、教学档案管理、校园网络建设、毕业设计（论文）质量、图书馆资源管理系统等180多个质量控制点的自调整闭环控制系统。这个保证体系以教学质量为根本，以转变教育思想观念为先导，以师资队伍建设为关键，以教学内容、教学方法、手段和课程体系的改革为核心，以制度、体制和机制的建设为保障，形成了一个面向社会的、全方位的、稳固的教学创新体系。保证体系还定期了解社会用人单位对毕业生质量反馈和要求，不断进行专业调整和质量的提升，使学校人才的培养更加适应社会的需求。

第二节　创新型人才培养与大学生综合素质教育

大学的根本任务是人才培养。培养什么人、怎样培养人，是我国社会主义教育事业发展中必须解决好的根本问题。在建设创新型国家和构建社会主义和谐社会的历史进程中，大学承担着更加重要的使命。如何着力培养适应国家民族需要、符合时代发展要求的综合型、创新型高素质人才是摆在每一位高等教育工作者面前的新课题，值得深入探索。

一、创新型人才培养是加强大学生综合素质教育的必然诉求

谈到创新型人才培养，我们首先必然会想到大学生综合素质教育的问题。因为创新教育是综合素质教育的重要组成部分，创新型人才培养也是加强大学生综合素质教育的根本诉求之一。

自1999年第三次全国教育工作会议召开以来，全面推进素质教育已经成为我国教育工作的主旋律。2001年6月，中共中央、国务院颁布了《关于深化教育改革全面推进素质教育的决定》以后，素质教育更是被提升为党和国家的重大决策。加强大学生的综合素质教育，主要体现在四个方面：一是思想素质，这是社会主义教育的根本目的之一，主要解决知识为谁所用的问题，其中包括政治素质、道德素质等内容；二是专业素质和人文素质，主要是专业知识以及专业知识以外的文化知识等；三是科技创新素质，主要指的是科技创新能力和实践动手能力等；四是身心素质，包括身体素质和心理素质以及国际化视野等方面。

加强大学生综合素质教育，是我们对教育状况和人才状况深刻反思的结果，是中国高等教育改革和发展的应有趋势，是实施科教兴国、人才强国战略，建设创新型国家的必然要求，也是进一步加强大学生思想政治教育，培养社会主义事业合格建设者和可靠接班人的内在需求。

综合素质教育以对人全面能力的认知和开发为前提，这为创新型人才的培养提供了重要基础。在推进素质教育的全过程中，强调创新教育则是贯穿于素质教育始终的重要内容。这种创新教育不仅表现为具体工作的解决能力，也是针对创新的内在意识、心态和认识。因此，作为综合素质教育的重要目标，培养创新型人才要求我们高度重视和完善学生的教育培养体系，要在大学生当中大力弘扬以爱国主义为核心的民族精神和以改革创新为核心的时代精神；要更加重视创新意

识的培育，倡导创新精神，大力提倡敢为人先、敢冒风险的精神，大力倡导敢于创新、勇于竞争和宽容失败的精神，努力营造鼓励创新、支持创新的有利条件；同时，要加强人文哲学社会科学建设，促进哲学社会科学与自然科学相互渗透，推进科技教育与人文教育的协调发展。

二、新时期大学创新型人才培养体系的主要内容

加强创新人才培养是时代赋予大学的使命。其重点是要建设具有时代特征的创新教育体系，营造良好的创新氛围，培养学生的创新意识和能力，积极引导大学生参与创新活动实践。

（一）要进一步加强对大学生的创新意识教育

高校在实施素质教育的过程中，必须旗帜鲜明地把创新精神作为大学生的核心素质之一。一方面要在全员、全过程、全方位的育人氛围中，使全校教职员工正确理解、科学评价创新教育，树立创新人才培养的历史责任感和使命感；另一方面要引导大学生认识创新素质的重要性，积极塑造创新人格，并把创新的自我价值与社会价值相结合，把求新与求真相结合，不断增强创新的责任感和内在驱动力。

（二）要更加强调对大学生创新能力的培养

创新能力主要指发现新问题、提出新方法、建立新理论、发明新技术的能力，是创新型人才必须具备的基本能力。创新能力包括创新学习能力和创新实践能力两大方面，其中创新学习能力又包括敏锐的感知能力、持久的注意力、较强的记忆力、丰富的创新想象能力以及基于发散性思维和批判性思维的创新思维能力；创新实践能力包括一般工作能力、信息加工能力、运用创新技法的能力以及成果的表现表达能力等。创新能力的重点在于创新思维能力，而创新能力的最终表现则是把创新的思维、创新的思想转化为解决问题的实践能力，表现在创新的物化成果上。创新能力的培养重在培养创新思维能力、动手操作和实践活动能力及最终解决问题的能力。创新型人才培养就在进行全面素质教育的前提下，着眼创新

能力培养，形成完善的创新能力教育和实践体系，加快提升学生的创新能力。

（三）要积极创造条件，推进创新实践机制建设

创新能力的培养离不开实践锻炼，因此，创新实践是当前高校创新人才培养的重要环节。要善于为大学生创新实践搭建活动平台，提供物质支持，特别要注重创新实践机制建设。要注重第一课堂以外的学生课外实践和科技活动，这既是第一课堂向实践环节的延伸，是第一课堂的有效补充，也是第二课堂的有机载体。要引导学生在创新实践活动中以社会价值为导向，将个人志趣与社会需要紧密结合。要善于引导、激励学生加入到创新实践活动中。同时，也要发挥大学科技园、孵化器等在培养创新人才中的特殊作用。

（四）要积极营造宽松的创新氛围

进行相关创新教育、实践的同时，要善于在氛围、环境、导向上开展工作，让良好的创新氛围在学生创新意识培养中发挥潜移默化的作用。要加强对培养学生科技教育与人文教育协调发展的认识和探索，重视人文艺术类学科、活动对科技创新的触动作用。要大力支持在创新活动中组建不同学科背景的学生团队。尤其应指出的是，要鼓励学生从事创新活动，更要注重培育创新文化、精神，营造宽松的氛围，打造包容失败的环境。

大学生创新能力培养对当前的教学改革提出了要求。可以概括为三点：一是对教学模式改革提出了要求，要改变以往教学活动中片面强调以教师为主体的模式，变为以教师为主导、学生为主体的模式，从而有利于被教育对象的个性和创造能力的形成；二是对教学内容改革提出了要求，要改变以往以传授已有知识为主的教学内容，变为开放式的研讨新知识为主要内容；三是对教学方法改革提出了要求，要改变传统的教学方法，转向启发式、因材施教的教学方法，使学生成为创新能力培养和参与创新活动的主体力量。

三、高校培养创新型人才的实践和未来规划

创新型人才培养是一个系统工程，要放在社会大系统中来考虑：要在综合素

质培养的大平台上，强调社会需求导向，引导学生成为时代需要、敢担时代重任、能当重任的人才；通过社会、学校多因素共同作用，资源互动，构成社会需求与学校综合素质教育评估、反馈形成的综合素质教育循环系统。这也是创新型人才培养的立足点。同济大学在长期素质教育实践中，探索并建立了"知识、能力、人格"三位一体的人才培养模式。其中，知识是基础，既包括扎实的专业知识，同时也包括广泛的人文科学和自然科学知识；能力是关键，既包括对学生掌握知识、运用知识能力的培养，也包括对学生实践创新和社会工作能力的培养；人格是核心，立德为先，塑造高尚人格对培养创新型人才至关重要。

在创新能力教育和培养实践中，学校推行了教育质量保证体系。这一体系既包括第一课堂，也涵盖了大学生思想政治教育、课外科技、校园文化、社会实践、心理健康教育等在内的第二课堂教育。强调创新素质培养，一、二课堂联动，构成这一有机联系整体的必然内涵。

研究型大学在培养创新人才体系中担负着重要使命。因此，在加强大学生综合素质教育的过程中，学校注重创新教育，逐渐形成了一整套以"创新、创意、创业"为内容，结构完备、层次清晰、制度规范、功能健全、贯穿于育人全过程的学生科技创新体系，不仅使创新型人才培养有了切实有效的抓手，同时也拓宽了培养各类优秀人才的途径。主要包括：依托教师科技创新体系，重点构建体现学科交叉的科技平台、基地与项目；扶植一批品牌项目形成科技创新的吸引力，以竞争意识形成学生自主创新的原动力，引导大学生积极参与课外实践和科技活动；重视学生科技创新的团队与梯队的培养，推动学生的创新意识培育的自我良性循环，体现学科交叉，为大学生参与创新形成可持续发展的人才格局；提倡和鼓励大学生从事"以社会需求为导向"的创造发明；五是鼓励有条件的大学生依托相对成熟的成果和项目自主创业。

充分发挥大学作为自主创新基础和生力军的作用，积极探索大学在建设创新型国家中的使命。学校将在鼓励和倡导教学科研人员瞄准国家和区域经济发展的重大需求，开展创新科技研究的同时，以更加积极的姿态，致力于创新型人才培养，并将创新科技研究与创新型人才培养紧密结合。特别是要强调完善学校与社会循环互动基础上的教学质量保证体系,积极推进"校区、园区、城区"三区联动,着力打造"环同济知识经济圈",以产业链带动学科链,推动大学创新人才培养方式的转变,为创新型人才培养提供更广的平台和更大的空间。

第三节　让大学融入自主创新的大循环

把高校和企业双方的眼前利益和长远利益结合起来,是非常重要的。要以全行业技术进步为合作目标,建立起能够长久合作的基础和机制,逐步使高校也成为企业研发中心的重要组成部分。

高校要认清自己的长处和短处,要明确自己的定位,就是要成为知识创新的源头、科技成果的孵化器和扩散源、公共科技平台的服务员。

高校在规划布局和建设科研平台时,要考虑到社会和企业的需求,与企业的研发设施形成互补共享的格局。要建立科研平台开放运作的管理模式,引导平台经营者主动为企业提供服务。

在国家科技大会上,中央确定了用15年的时间建设创新型国家的任务,明确提出要建立以企业为主体、市场为导向、产学研紧密结合的技术创新体系,同时要建设科学研究与高等教育有机结合的知识创新体系。知识创新和技术创新是国家创新体系的重要组成部分,知识创新又是技术创新的源头与支撑。高校承担着知识创新责任,并要与企业结成自主创新的联盟,实现从知识创新到技术创新的跨越。在技术创新体系中,高校是否能够把握好自己的定位,关系到产学研联盟持续发展的前景,关系到技术创新的成败。

知识与技术的关系,实际上是科技与经济的关系。科技游离于经济,或者是貌合神离,就不能形成生产力,就起不到推动国家经济社会发展的作用。要提高我国自主创新能力,科技和经济必须要努力形成一个整体,科技要促进经济发展,经济也要给科技进步以动力。科技进入经济的大系统、大循环中,就会获得无穷的活力和灵感。从这个基点上认识产学研联盟和技术创新体系的建设,高校应该要有更大的主动性和积极性。要根据国家经济与社会发展的需要，根据国家中长期科技发展规划，根据区域经济的重点领域来部署、调整学科结构，主动与产业接轨，主动为企业服务。科技能否顺利进入经济的大系统、大循环，很大程度上取决于高校的学科是否适应经济发展的需要，高校的科研成果是否满足企业开拓市场的需要。产学研联盟促使高校学科贴近产业，帮助高校的科技人员了解市场信息，是科技进入经济大循环的最佳形式。上海实施"科教兴市"主战略以来，已经在许多重要产业领域建立了产学研联盟。今后，政府、高校和企业还应在更多的产业领域推进产学研合作，使科技与经济更广泛、更紧密地融合起来。

在市场经济条件下，企业在技术创新中具有无可替代的作用。企业作为创新活动的主体，应该成为投资、利益和市场推广的主体。当然，高校与企业的运作机制是不同的，利益驱动也不一致。企业在选择主攻领域时，会较多考虑市场需求的关系。而高校作为技术的支撑，除了参与企业的创新活动外，还会更多地考虑学科的长远发展。因此，把双方的眼前利益和长远利益结合起来，是非常重要的。企业要加大对技术创新的投入力度，要尊重高校教师的研究工作。而高校要主动承担起支撑技术改造、产品研发的责任，弥补企业研究、开发和设备能力的不足。要有更多的市场意识和经济头脑，分担企业的风险，帮助企业提升技术创新能力。双方要以全行业技术进步为合作目标，建立起能够长久合作的基础和机制，逐步使高校成为企业的研发中心。

高校在以企业为主体的技术创新体系中的职责，主要有以下几个方面：①由创新知识产生创新技术；②以创新技术为企业提供服务；③以创新平台的建设聚集高技术企业，吸引企业投入，提升企业能级；④以创新基地等开放式教育环境，培养创新人才。高校要认清自己的长处和短处，要明确自己的定位，就是要成为知识创新的源头、科技成果的孵化器和扩散源、公共科技平台的服务员。

高校和企业在产学研联盟中有各自的职责，高校不能越俎代庖，去从事原本不擅长的市场行业。反思高校科研成果产业化的过程，经常是以一个个项目为载体，教授从知识创新、技术开发，一直做到成果转化和市场应用。在烦琐的具体事务中，由于不适应市场竞争，往往得不偿失甚至无功而返。有一些项目虽然获得了市场成功，但人才流失、学科发展受到影响。在燃料电池汽车项目研制过程中，我们坚持把核心竞争能力建设放在动力平台研究和开发上。目前第三代动力系统已经安装在三个不同的车身上，还要进入全国许多汽车厂家，这样的研发模式，保证了高校成为创新技术的扩散源和领跑者。

高校历来以拥有高层次、高水平科研平台而自豪，现在必须要更进一步，应该以科研平台的社会共享程度、以平台对企业技术创新的贡献率来评价。高校在规划布局和建设科研平台时，要考虑到社会和企业的需求，与企业的研发设施形成互补共享的格局。要建立科研平台开放运作的管理模式，引导平台的经营者主动为企业提供服务。同济大学在"985"工程二期项目规划中，紧密结合地区经济结构和发展需求，建设两大学科群和学科链。在四平路校区，以城市建设和防灾国家实验室科研平台为核心，与杨浦区政府合作全力推进"三区联动"，利用百年校庆的契机，建设以创意设计、节能环保、绿色建筑为主题的环同济知识经济圈。在嘉定校区，以现代装备制造为核心，上汽工程院、大众技术中心、新能源汽车工程中心、汽车风洞、交通工程国家重点实验室等校内外的平台产生了显著的聚集效应。丰田、奇瑞、INA、ROSCH等企业纷纷将其企业技术中心向国际汽车城靠拢，在嘉定地区已形成了我国汽车和轨道交通产品开发的成套特大型科技研发平台，成为全国汽车产品开发的"头脑基地"。

要形成可持续的产学研合作机制，政府和高校都要继续努力，破解合作过程中的若干难题：①要建立知识产权保护机制。高校要为参与产学研合作的教师提供法律、专利服务，政府出台鼓励、支持技术服务的政策，使高校和教师没有后顾之忧。②高校科技人员要学习市场规律，了解和掌握合同法等法律知识，避免"边干边谈""先做后算""君子协定"等不规范操作。③大学科技园、高校科技园区要转变观念，从服务教授转变为服务博士生，使博士生成为科技成果产业化的主力。要完善成果转化机制，把教授从市场经营的麻团中解脱出来。④要增加学生创业基金的投入。高校毕业生尤其是博士生、硕士生是科技型创业的生力军，他们参与导师的科研，也容易承担成果的转化重任，关键要得到资金的支持。学校要努力通过各种方式聚集创业资金，以支持学生和毕业生创业。⑤政府要加大对高校核心竞争能力建设的支持力度，鼓励高校整合学科，组成与产业紧密结合的学科链。母校要在校区建设和校区周边产业规划过程中，打开校门、区域联动，聚集为企业服务的现代服务业，为师生创设思想、学术沟通交流的氛围，使大学校园成为创意、创新、创业和为企业服务的热土。

第四节 大学生创新教育的问题及策略

一、大学生创新教育中的问题

目前随着社会形势的发展，我国大学生的数量在不断增加，但大学生的质量却没有得到同步提高。近期，《中国青年报》在第9版上刊登了篇题为"某高校老师对大学生就业情况的调查报告"，调查报告中详细地说明了用人单位对大学生各方面素质的综合评价，指出大学生在"个人诚信和爱岗敬业这两项指标中表现优秀的占74%，为人处世表现优秀的占78%，适应能力表现优秀的占67%，相对不足的素质是工作质量与计算机水平，绝对不足的则是创新精神"，从中可以看出用人单位对大学生创新素质的重要程度，反映了用人单位对大学生素质的需求与大学生本身具有的素质相脱节。虽然我国根据社会形势发展的要求，相应地对大学生的创新教育制度等进行了一系列的修改，但距我国加快发展大学生创新教育的迫切要求还存在着一定的距离，显现出诸多问题，具体可以归纳为以下几个方面：

（一）大学生自身对创新的意识不强

大学生自身的思想没有改变，在高考指挥棒的影响下，仍然以高中生自居。第一，他们中的多数从小学到大学阶段都是在接受灌输式的"三中心"教育，以课堂为中心、以教师为中心、以教材为中心。在这阶段，他们很少甚至没有接受过创新教育的培养，以至于大学生的创新意识模糊、创新能力不强，表现出来的思维方式完全是"邯郸学步"式的，在毕业论文写作阶段，他们阅读大量与本专业相关的书籍、参考文献，目的并不是为了找出这研究领域的空白点，独辟蹊径地做出自己开创性的研究，而是从参考文献中模仿别人的研究方法、套用别人的研究思路，这样的学习方法，完全是高中阶段的接受式学习方法，没有发挥自己的主观能动性，不懂得创新也不会创新，更不懂得发现问题、提出问题、解决问题。第二，现在的多数大学生上大学的目的仅仅是拿到文凭，能够毕业即可，在乎的就是自己的文凭。他们认为只要上了大学，拿到文凭，就可以找到工作，解决了就业问题。这些原因使他们从思想上、心理上抵制创新教育，导致大学生的创新教育难以很好地实施。第三，在大学阶段，我国大多数高校的科研条件有限，对学生的科研能力没有提出明确的要求，学生很少直接参与到知识的发现和探索过程当中，忽视了对学生进行"在继承中创新、在创新中继承"的教育，直接导致了学生高分低能、因循守旧、动手能力不强。

（二）家庭和社会对创新的重视不够

大学生创新教育的全面开展，需要家庭教育、学校教育、社会教育的互相配合、互相支持。但是目前无论是家庭教育还是社会教育对大学生创新教育的实施都存在着明显的不足。家庭教育的不足主要表现在：一是家庭教育的理念错误。许多家长没有从孩子的实际情况和社会的需求出发，而是从自身的爱好出发、从望子成龙、望女成凤的心态出发来教育孩子，最终导致孩子的心理负担过重，个性发展不健康。二是家庭教育的内容错误。许多家长只重视孩子的身体素质，却忽视了孩子的心理素质；只重视孩子的智力开发，却轻视了孩子非智力方面的培养。三是家庭教育的方式错误。家庭教育方式主要有溺爱型和压制型两种。在溺爱型的教育方式下，孩子就是家里的全部，父母为孩子包办一切，孩子过着衣来伸手、饭来张口的生活；在压制型的教育方式下，父母说的话就是圣旨，以骂代教，孩子只有在听计从，久而久之，孩子就会产生种固定的思维模式，父母让怎么做，自己就会照着怎么做。有位记者问个正在山坡上放牛的孩子："你为什么放牛？"孩子说："把牛养大，卖了可以赚钱。"记者问："赚的钱用来干什么？"孩子说："娶媳妇。"记者又问："娶媳妇干什么呀？"孩子说："生孩子。"记者问："生孩子干什么呀？"孩子说："放牛呀。"这两种教育方式泯灭了孩子的创造天性，使他们的思维产生惰性，不愿意动脑、不愿意思考，缺乏创新性。

社会教育的不足主要表现在：一是政府相关部门对大学生创新教育的重视程度不够，没有从制度、政策、资金等方面给予支持。二是社会风气、社会舆论的不规范。近年来，随着社会主义市场经济的发展，人们的思想观念、价值取向等都出现了多元化特点，一些消极因素，如金钱万能、投机取巧、享乐主义等，正潜移默化地慢慢侵蚀着青少年的思想。同时具有社会舆论导向责任的某些媒体，为了牟取暴利，不惜通过一切手段发表大量充斥暴力、犯罪、色情内容的作品，青少年纯洁的心灵无形之中受到了严重的损害。这些情况的存在，使我们进行创新教育的环境大打折扣。

（三）传统教育观念对创新的制约

认识对实践具有反作用，对实践具有指导作用，教育观念指导着教育实践，正确的教育观念能够促进教育的发展，错误的教育观念则阻碍着教育的发展。第一，传统的教育观念仍然以应试教育为主，以升学率为目标，以"三中心"为中介，注重对学生进行知识的灌输，忽视其个性的发展，力图把教育办成标准化的应试教育，严重制约了大学生创新能力的发展。第二，由于受传统教育思想的影响，不论是学校领导、教师还是学生都形成了些根深蒂固的思想与观念，对大学生创新教育缺乏科学的认识与了解，认为创新教育只是针对尖子生的教育，是名牌大学和重点大学的事情，与普通高校没有关系，没有引起高度的重视，没有将实施创新教育纳入学校的总体发展规划当中，没有落实到日常的教育教学管理当中。第三，教育教学主管部门，特别是学校的领导，很担心进行创新教育会把原来的教学秩序与工作秩序打乱，要打破传统的教育模式，改变他们的观念与习惯，进行改革与创新，在认识与行为上都有一些不适应，不仅会给管理工作带来些困难，而且也会增加自己工作上的难度。

（四）传统应试教育体制对创新的抑制

教育体制一定程度上决定着教育的内容和形式，有什么样的教育体制，相应地,就会有什么样的教育。审视我国大学的教育体制,无论是教育教学管理体制、评价体制还是招生制度等,都无不直接或间接地反映了传统教育体制的弊端,而这恰恰是开展大学生创新教育的大敌,阻碍了大学生创新能力的培养。教育教学管理体制的目标就是升学率,要么做社会的精英,要么就被社会所淘汰,一切以老师、课堂、教材为中心,学生的兴趣爱好无足轻重,评价体制主要以学生的考试分数为依据,只要分数高就是优等生,其他的如品德、劳动技能等都不重要,招生制度主要以考试为入学途径,从考试的内容和题型上来说,主要测试对基础知识的考查、对书本知识的记忆,学生依靠死记硬背就能完成,没有突出对大学生创新意识、创新思维、创新能力的考察。这些体制都明显或不明显地显现了我国教育体制的封闭和僵化,封闭和僵化这些特性正是实施创新教育的最大阻碍,如果相应的体制不完善,势必会对大学生的创新教育带来抑制效果。因此,封闭、单一、僵化的教育体制无法唤起教师和学生的活力,在一定程度上抑制了大学生创新教育的实施。

(五)部分高校教师对创新的热情不高

古往今来,人民教师一直都受到社会的尊敬,具有崇高的社会地位。人们用种种美好的比喻来赞颂教师,有的把教师比作"蜡烛",赞颂其"燃烧了自己,照亮了别人"的牺牲精神;有的把教师比作"一盏灯",赞颂其"为学生照亮前方道路"的奉献精神等。高校教师都是经过专门训练的人才,他们拥有渊博的知识、丰富的阅历、严谨的治学态度,对工作兢兢业业、勤勤恳恳。然而由于传统教学模式、风险意识和利益关系等种种原因,部分高校教师在创新教育上也存在着一些问题:第一,传统教学模式的影响。由于受传统教学模式的影响,有的教师的教学活动已经成为一种固定的习惯,没有随着社会对知识和人才的变化而变化,没有更好地与时俱进,在教学手段、教学内容、教学方法上缺乏创新。用陈旧的教学理念束缚着大学生的创新能动性,在课堂上讲授的内容只是把上一代所讲的话,又灌输给下一代,这样一代又一代,周而复始,把原本生动活泼、充满想象、具有创新激情的青年学生变得死气沉沉、万马齐喑;把教师与学生互动的教学过程变成了教师的单向行为，教师只是单向的传授者，学生只是被动的接受者。第二，风险意识和利益关系的影响。高校的许多教师在理论上都认识到了开展创新教育的重要性，但由于受风险意识和利益关系的影响，使得高校教师对开展创新教育有很多顾虑。开展创新教育必须进行改革，改革就要进行探索研究，就要付出大量的时间与精力，是否能得到相应的回报，是否能收到预期的效果，都很难把握，大大影响了高校教师对开展创新教育的积极性。

二、发展策略

（一）树立创新教育新观念

传统教育是单纯的继承性教育，强调的是知识的积累过程，追求的是教学内容的稳定和专一，把掌握知识本身作为教学的目的，缺乏创新。这种教育不利于学生培养创新精神和创新能力。知识经济对人才的要求在内涵、规格、模式诸方面都将发生深刻的变化。创新是对人才素质的核心要求我们要在继承性教育的基础上，加强创新教育，树立起新的教育观念。要在传授和学习已有知识的基础上，注意培养、实现知识创新培养大学生具有自如运用这些知识的创新能力以及解决实际问题的能力。要把培养创新人才的重点工作放在培养大学生的创新精神和意识、创新思维和创新能力这几个方面。要把培养学生创新能力和激发发明创新作为教改目标。只有创新教育观创，新型人才培养才有了明确的思想保证。

用什么样的教育教学思想来指导人才培养工作，涉及培养什么人的最高原则问题。高等学校的管理者和教师所持的教育观和人才观直接影响到人才培养的质量。英国李约瑟博士在撰写完《中国科学技术史》后，曾经提出一个困扰中国学人的世纪难题"为什么中国培养不出一个诺贝尔奖金获得者？"著名科学家杨振宁教授曾经说过："西南联大教会了我严谨，西方大学教会了我创新，这反映不同的教育观念对大学生创新能力的培养作用与效果是不同的。

在我国传统的教育教学观念中，教学以系统传授前人的知识为主。它的显著特点是以教师为中心、以课堂为中心、以教材为中心，学生则往往成为被动接受知识的容器，认为教师在课堂上灌输的知识越多，学生学到的东西就越多，学习就会越好。因此，教师在课堂上主要进行着单向知识的传授。由于这种教学观念过分重视知识的传授，忽视能力培养，易将学生培养成为书呆子，更严重地制约着教学内容、教学方法、教学手段的变革，因此突破传统教学观念是高校深化教学改革，培养创新人才的前提条件。要通过教育教学观念的突破，使教师清楚地认识到，要培养创新人才，教师自身应率先具备创新意识和创新精神。要摆正师生在教学中的地位和作用。在教学过程中，教师只是教学活动的设计者、组织者、指导者、参与者和评判者，学生才是教学活动的主体，并且是具有能动性、潜在性与差异性的主体。要充分调动学生的积极性、主动性和创造性。要注重优化教学过程，把传授知识与学生消化理解知识有机地结合起来，要变教师的单向知识传授为师生之间、学生之间、学生与社会环境之间的多向交流，要提倡研究性学习、探索性学习和协作性学习，要努力实现人才培养方式的深刻变革。

（二）优化创新型人才的成长环境

创新型人才培养环境应体现宽松、民主、自由、开放、进取的特点。一个良好的创新环境，不仅能为具备创新能力的学生提供施展才华的舞台同时也可以激发学生潜在创新能力的发挥。

1. 优化硬环境

要加强创新教育的基地建设，可以以实验室、实习工厂、实训基地、图书馆等为基础，适当配置现代化、高科技的技术装备，也可以利用或共享社会非教育资源来建设校外的创新教育基地，通过第一课堂与第二课堂的结合来培养创新人才。近年来，一些院校实验室的全面开发已成为学校教育、科研上水平的标志，它以精心设计的课题、良好的仪器设备、优质的管理和充裕的实验研究基金吸引教师、研究人员和学生参与，为大学生开展课外科技活动提供了良好的环境。

2. 优化软环境

要建立有利于人才培养的教育管理体制，改革教学内容、优化课程体系和人才培养模式使学生形成良好的知识结构和能力结构，为发展学生的创新思维、为其成才奠定全面的基础。改革教学手段和方法尽量采取现代化、高科技多媒体教学和网络教学等为大学生创造良好的教学创新和知识创新环境。在考试评价上，取消百分制，实行等级制把教师的积极性引导到教学改革上来。建立民主、平等、合作的新型师生关系，为学生创新能力的发挥创造自由、安全的心理环境。

（三）构建多元化的知识结构

科学合理的知识结构是进行创新的重要前提，是形成创新能力的主要基础。高等教育必须根据创新人才的成长管理，研究建立创新型的知识结构。建立新型的知识结构要具有完整性和有序性，同时需要处理好以下几个关系。

1. 通识教育与专业教育的关系

高等教育应该是通识教育基础上的专业教育。通识教育与专业教育相结合，能为学生提供广博的知识平台，使学生具有进一步综合、选择和创新的能力。

2. 人文教育与科学教育的关系

人文教育注重培养人文精神，没有人文教育就没有灵魂，人类就没有前进的方向。科学教育有助于人们认识物质世界，没有科学教育，社会就难以进步。人文社会科学素养，对于激发人的创造性思维、把握科学技术的社会需求、增强研究活动中的协作能力，提高社会责任感和使命感有着不可替代的作用和影响。我国高等教育长期文理、理工分家，人文教育与科学教育相割裂，给学生带来了思维方式的缺陷和知识面的偏颇，这样的人才毛坯要成为大师级、顶尖级创新人才有先天不足的地方。从事实上看，理工类的诺贝尔奖得主很大一部分都在人文、艺术上有很高的修养，并且明显地感到这些为其获得重大的成就起着重要的作用。推进人文教育和科学教育的有机融合，是实施素质教育、培养创新人才和取得原创性科研成果的关键性措施。

3. 知识、能力和素质的关系

知识是能力与素质的载体，能力是知识和素质的外在表现，素质是知识与能力的核心。知识包括科学文化知识、专业基础与专业知识、相邻学科知识；能力是在掌握了一定知识基础上经过培训和实践锻炼而形成的。丰富的知识可以促进能力的增强，较强的能力可以促进知识的获取。能力主要包括获取知识的能力、运用知识的能力和创新能力。素质是指人在先天生理基础上，受后天环境教育影响，通过个体自身的认识和社会实践养成的比较稳定的身心发展的基本品质。高的素质可以使知识和能力更好地发挥作用，并促进知识和能力进一步提升。因此，高等学校在教育中要把传授知识、培养能力和提高素质三位一体辩证统一起来，才能有利于创新人才的培养。

4. 智力因素与非智力因素的关系

培养创新人才，不能只重视学生智力因素的作用，而忽视非智力因素的作用。心理学在研究创新活动的过程中发现一个人的创新除了必须具备智力因素的基础条件外，非智力因素往往起着重大作用。非智力因素包括智力以外的因素，诸如需要、动机、兴趣、情绪（情感）、意志、性格、态度和品德等，它虽不直接参与认识过程和智力活动，但它对人的创造活动有启发、引导、维持、强化和调方作用。科学研究表明，人的智力差异是很小的，能否成为创新人才不仅取决于广博精深的知识，更取决于是否对人类和社会具有高度的责任感，是否对真理具有强烈的追求是否有克服困难的顽强意志和坚韧不拔的毅力等良好的非智力因素。一个人能否创新，固然有知识基础、技能、思维方面等智力因素的原因，但更有兴趣、情感、个性和信念等非智力因素的影响，非智力因素往往是创新最稳定、最持久、最巨大和最经受得住考验的驱动力。非智力因素在人才成长过程中起着极其重要的作用，它与智力因素相辅相成、相互促进，良好的非智力因素要以智力因素为基础，是智力因素的动力和灵魂。坚持智力因素与非智力因素并重共进，才能有利于创新人才的培养。

（四）完善创新人才培养的新机制

1. 树立多元人才观

改变过去那种统一教学、统一教材、统一学制、统一管理的整齐划一的人才培养模式，采取灵活多样的培养方式，实现培养模式多样化、培养方案个性化。培养方案个性化主要是指注重学生个性发展。没有个性的发展就没有创造力的产生，品质优良的个性是创造力的动力源泉。高等教育中要坚持全面发展与个性发展具有协同性的原则，在强调全面发展的同时，要注意学生的个性发展。要激发和培养学生的学习兴趣，保护和激发学生的好奇心和创造欲，挖掘学生的潜能和特长，使学生在获得基础素质、共性素质发展的同时，以个性为特色的个性素质也得到最大限度的发展和彰显，从而促进创新人才的培养。当然，这里所指的个性是一种健康、和谐的个性，而非一些不良个性。

2. 深化教学改革

要更新教学内容，改革教学方法。在现在的大学里，一些教学内容明显落后于时代要求，特别是一些高职院校，一些专业课教学内容明显滞后于新知识、新技术、新工艺。因此，应紧跟时代科技发展前沿，增加现代科技基本原理，介绍学科的新发展、新成果，扩宽专业面。在教学方法上，变"满堂灌"为"启发式"，调动学习的主观能动性。加大实践教学比重，有的高职院校根据专业特点，建立"前校后厂"式的实践基地，对培养学生动手能力很有帮助，调动了学生的创新积极性。

3. 建立有利于创新人才脱颖而出的评价指标体系

三好学生标准、优秀教师的评选标准、教育评价制度，都要综合考虑创新意识、创新能力等因素。

4. 形成和谐、宽松、浓厚的学术风气

要大力倡导和鼓励科研工作，允许各种学术思想的充分讨论，不打压、限制。

（五）大力推进教学内容、教学方法和教学手段改革

为了实现人才培养方式新突破，培养创新性人才，在具体改革实施的层面上必须对传统的教学内容、教学方法和教学手段进行系统改革。

1. 教学内容改革

随着科技和经济的迅猛发展，知识更新越来越快，这就要求教学内容要不断更新，以直接反映科学技术和经济发展的最新成果和进展。但是，我国高校的教学内容和课程体系虽几经改革，但内容陈旧和结构不合理等状况依然存在。无论在自然科学、技术科学还是人文社会科学，其教学内容与国际先进水平相比，仍存在着相当大的知识差距，有些知识、观点和材料早已为国际所淘汰，但在我国高等教学中仍然作为主导观点加以传播。距今几年、十多年甚至时间更久的教材仍在使用，专业知识陈旧现象十分严重。教学内容过分重视陈述性、事实性和记

忆性材料的教学，忽视原理性、策略性、发展性和创造性的知识教学；过分重视确定性的内容，忽视不确定性的、前沿性的内容，教学内容缺乏对学生智力发展的刺激性和挑战性，难以激发学生的学习兴趣和进一步进行探究的愿望，无助于创新实践能力的形成。

为了更好地培养学生的创新能力，应及时更新教学内容，要尽量选用最新、最先进的优秀教材，要及时将科学技术和社会发展的最新知识和前沿性成果介绍给学生。要根据学科之间相互交叉、渗透而出现的综合化、整体化趋势，拓宽学生的专业知识面，加强促进学科专业知识的交叉与融合。要加强科学世界观和方法论的教学。要精炼教学内容，重视原理性、策略性、发展性和创造性的知识教学，要为学生留有自主思考、自主学习的空间，要善于激发学生的学习兴趣和探究性欲望，逐步培养学生的创新精神和意识。

2. 教学方式、方法改革

我国传统的教学方式、方法在理论教学时过分注重教师教、学生学，教师讲、学生听，过分强调"讲清"和"讲透"，采用的多数是"满堂灌"和"填鸭式"等方法。在实践教学中，实验教材和实习指导书将各个实验和实习的目的、要求、步骤、现象、结论写得清清楚楚，教师甚至在实验前还将所需实验仪器、药品准备好，学生在实验中往往是"照单抓药"，实验和实习仅只是为了验证数据和现象而已。这些传统的教学方法难以培养学生的动手能力、创造性思维能力和想象力。

为了更好地培养学生的创新能力，要全力推进课堂教学方式和方法的改革，要大量采用启发式教学法、案例教学法、专题讲座教学法、现场教学法、模拟现实教学法等。教师在教学过程中应做学生的导师，起"指点迷津"的作用，不能当学生的"保姆"。教师作为教学过程的设计者，必须把教学内容转化为具有探索性、开放性和适应性的教学问题，通过这些问题来创造教学情境；作为组织者，要组织学生实施课程教学方案，并保证顺利完成，教师必须具备驾驭课程的能力；作为指导者，教师要超越时空，说明和解释已知条件下事件发生的状况和特点，揭示知识的建构过程，帮助学生做出正确的选择。作为参与者，教师应和学生一起探索知识产生的过程、结构、特征和规律等；作为评判者，必须通过引导学生对认识结果进行表达、交流、批评和修正，并最终得出自己的结论和认识。

要重视实践教学在创新人才培养中的作用，尽可能地组织学生走出校园，采用课内与课外相结合、产学研相结合的方法，真正做到理论学习与实践相结合。在实验教学方面，应注重培养学生独立从事科研的能力，要多开设综合性和设计性实验，多开设有利于学生发明、发现、创新的实验。要建立各类实验室对学生开放的制度，要设立学生创新实践科研基金等，鼓励学生自己设计实验，并独立完成实验研究，获得创新性实验成果。

3. 教学手段改革

人类发展已进入信息化时代，社会信息通过电子计算机、缩微储存、网络等方式实现了人类资源共享。一个人如果缺乏信息化素养，就会失去利用最新信息资源的机会。创新人才就应该是善于利用现代信息化手段进行学习和创新的人。在这种形势下，教学手段信息化已经成为历史发展的必然，我国传统的"一本书、一支粉笔、一块黑板"为主，辅以挂图、模型等的教学手段已经不能适应信息时代的教学要求，也难以推动教学内容、教学方法的改革。要高度重视多媒体教学、网上教学等教学手段的重要作用，要构建能为教学信息化提供优质服务的教学信息化平台，构筑学习型校园。教师要及时学习现代化的教育理论，熟练地应用行之有效的现代教育技术，使用CAI、虚拟现实、网络手段搭建起贯穿课程建设、教学活动、师生互动、教学评价、学术交流、教学管理的信息化教学条件，使之成为教师教、学生学，师生有效交流互动的得心应手的工具，才能全方位调动学生的各种感受器官，全面参与课程教学活动，才能大幅度提高课程教学效率，增加教学信息容量，促进学生个性化学习、研究性学习、协作性学习，从而使课程教学变得更加丰富多彩，并逐步实现"教"是为了"不教""学会"变成"会学"的创新教学目标。

（六）改革课程考试方式

课程考核是人才培养过程中一个极其重要的环节，它不仅是检验学生课程学习成绩及教学效果的一种方法，而且也是课程建设水平乃至学校教学和人才培养理念的一种体现，它也是重要的"指挥棒"，通过加强考试方式改革，可摆脱"应试教学"和以"分数"评价人才的束缚，告别死记硬背，寻找到一条能引导学生自觉开展创新学习、提高创新能力、实现终身学习和持续发展的有效途径。

长期以来，我国高等学校的大多数课程考试方式仍然沿袭以书面试卷考试为主的方式，这种考试的内容以书本知识为主，突出表现为重课本、轻实践；重知识、轻能力；重结果、轻过程；重对学生的测试，轻课程自身的建设等特征。在开展创新教育的形势下，这种旧的考试方式已越来越不适应综合评价学生知识、能力、素质的要求。为了培养创新人才，必须重新认识考试的功能和意义，充分发挥考试的功能来引导学生全面发展，从而全面推进教学质量的提高。

课程学习一般要求学生掌握三个方面的内容：一是基本知识、基本理论和基本技能；二是发现问题、分析问题和解决问题的能力；三是创新意识和创新能力。在目前许多课程的考试中，一般只注重基本理论、基本知识和基本技能的检测，对于发现问题、分析问题和解决问题的能力涉及较少，而对学生创新意识与创新能力的评价往往被忽视。考试方式改革的目的就是要通过改革考试的内容和形式，摒弃死记硬背的学习方式，引导学生在掌握基本理论、基本知识和基本技能的基础上，积极培养其发现问题、分析问题和解决问题的能力，培养创新意识和创新能力。要根据具体课程的性质，经过改革试点，逐步探索出一套适应具体课程特征、形式多样、有利于学生创新能力培养的考试方法，如课程小论文、创新实践活动成果、开卷考试和闭卷考试等。要树立"综合考核"观念，其目标是不仅考查学生掌握知识的程度，更重要的是考查学生运用所学知识，发现问题、分析问题和解决实际问题的能力，引导学生学会创新。

（七）营造优良的创新人才培养环境

培养创新人才，最重要的是创建和营造有利于人才成长的条件和环境。正如美国哈佛大学原校长陆登庭所说，最令哈佛大学骄傲的，不是培养了6位总统，一百多位诺贝尔奖金获得者，而是为学生提供了良好的、充分发展的环境。实践证明，学校构建有利于学生创新学习的环境和条件，建立有利于学生创新的教学管理制度、教学评价及激励机制，在教学过程中营造活跃、宽松、民主、高效的课堂氛围，尊重学生的个性与创新精神，树立多元的学生创新观，允许学生有不同的见解，师生合作，教学相长，平等对待学生，鼓励学生发表见解，甚至敢于挑战权威等方式，都有利于学生创新精神与创新能力的培养。这些都是现代创新教育教学观所大力倡导的，也是实现人才培养方式新突破，培养创新人才的基本条件。为了营造优良的创新人才培养环境，要加大投入，构建适合具体学校实际的创新人才培养体系，此外，还需处理好以下关系。

1. 科研与教学的关系

如何处理教学与科研的关系是我国高校面临的共同问题，两者应互为相长，但实际过程中往往相互割裂，相互矛盾，多数教授精力主要投于科研，较轻视教学。这种状况不利于创新人才培养，要加强政策引导和制度建设，恰当处理教学和科研的关系问题，要在推进教授在投入科学研究的同时，积极投身于教育教学工作，培养创新人才。同时也应采取措施，引导教学型教师积极投身于科研工作，以进一步提高教学水平。

2. 智力因素和非智力因素的关系

为了培养创新型人才，不仅需要加强学生在知识和能力方面的培养，更要帮助学生树立对社会高度的责任感和良好的道德品质与心理素质，加强情感、意志、性格等非智力因素的培养。现代科技的发展和应用是一面"双刃剑"，它既可以为人类带来幸福和进步，也会给人类带来祸害，甚至灾难。如果掌握尖端科学技术的人，没有养成与其智力水准相应的道德水准，对社会所造成的影响甚至危害常常会更严重。高校是社会精神文明的重要基地，加强学校文化的建设，引导、熏陶和培养高素质的拔尖创新人才，具有十分重要的意义。

（3）传承与创新的关系：我国高校人才培养的一个严重缺陷是人才培养的知识面过于狭窄。根据学科之间的相互交叉、渗透而出现的综合化、整体化趋势，许多学校开始强调拓宽学生的知识面。但是，如果拓宽知识面只是注重学生在知识上的增加，单纯地增加课程学时，不注重克服传统教育中重知识轻能力的弊端，只会增加学生的负担，最后培养出来的也是不会很好运用知识和缺乏创造性的人。

第三章 大学教育的演变及对人的创新素养发展影响的历史考察

第一节 大学教育与人的创新素养发展的耦合

"耦合"原是物理学上的一个概念，即指两个或两个以上的体系或两种运动形式之间通过各种相互作用而彼此影响以致联合起来的现象。在这里借指大学教育这一活动的内在规定性和目的性与人的创新发展需要之间存在一定程度的吻合，大学教育为人的创新素养发展提供了现实性条件。

一、人的自我发展性根源

关于人的存在、发展和自我认识问题在很多学科中都有过激烈而深刻的讨论，尽管讨论的焦点有所区别，但对于人们理解人的自我发展性提供了具有科学意义的参考。如果单纯地理解自然人的发展，无外乎从生命始至生命止，个体的生理循环和生理代谢的完成过程，但人的发展绝不是在这样一个无条件的绝对独立和封闭的过程中进行和完成的，人的发展要理解为在世界之中的发展，人是复杂的生物体和存在物，不仅仅代表了自然意义上独立个体，还承载着系统意义上的某个成分，构成了系统和系统间生态交互意义上的一个单位，因此，对人的发展的分析不仅仅限定在个体的自然存在意义层面，需要置其于帮助他自身各层次需要满足的各个系统交互关系之中，这个交互过程是动态的、相互联系的发展过程。

（一）生物学意义上人的发展基质

从生物学意义上讲，人的进化、发展皆奠基于生物遗传性所能够提供给每个有机体的先天的生理条件，生物有机体的各项肌体功能之所以能够真正起作用，生物遗传起到了真正的条件性作用，在此基础上，一切关乎人的存在和发展的生命活动才拉开序幕。

1. 大脑与智力

在近代，生理学研究表明，人的大脑有四个主要功能，这些功能则通过四个功能区域体现出来。作为第一个功能区域的感受区能够从客观外界现实接收感觉；人脑的第二个功能区是贮存区，能够对接收到的感觉进行收集整理；第三个功能区是对接收的信息进行评价的思维判断区；第四个功能区是能按新方式组合各种信息的想象区。人脑所具备的这些功能在人的发展过程中起到重要作用，人们统称大脑的上述功能为"智力"。正常人具备智力和智力的活动条件。通常智力包括注意力、思维力、记忆力、想象力、创造力等组成成分。

智力的各构成成分之间既相互联系，同时在特定的情景条件下各自发挥相对独立的作用。其中记忆力反映人们对已有经验的识记、保持和再现的能力及程度。记忆力的快慢、准确、牢固及灵活程度的差异决定于两个方面：记忆对象或任务的性质、难易度、可控度等，另外则与个人的兴趣、经验、敏感度有关。当某一事物、对象还未进入人脑，可以说对这一事物的认识将不会开始，对此事物的认识也将为零，记忆可以帮助人们对所关注的事物在大脑中找到驻所，使人们对它的认识深度和广度有进一步发展的可能，人们对周围世界的认识在总量上达到一个新的水平，人的发展也将向前跨进。思维力是智力的高级阶段，大脑将进入推衍阶段，可以借助感知或贮存于大脑中的信息，掌握事物之间的规律性联系，间接推知和预见事物的发展，透过现象认识事物本质。在思维过程中，人的注意力高度集中，围绕从某一认知对象中推演出的一个个相互关联的问题，展开主动推理联想，构思假设，控制大脑走向问题的终点，最终揭开问题的谜底，纵使无法找到答案，业已形成了一个明晰的推理路线和痕迹，成为能够通过语言被表达的体系。思维是人们对事物本质的认识、推衍过程，通过思维人的认识不再是表面化的，而是具体的、有动能的、可操作的、可发展的。可以这么说，通过思维，人获得了改造自我、改造自然、改造社会的内隐力量和智力钥匙。想象力是智力的另一种构成形式，通过想象力，人们可以对头脑中已有的表象进行尝试性地加工、改造，想象是人脑的设计阶段。想象虽不及思维那样富逻辑、有秩序、循序渐进，但想象能拓展人们的认识空间，增进事物间的联系，是人的智力活动中最具自由性、灵活性的方式，人能够超越他物的暂时规约，自由意志完全释放，建构新的想象模型改造事物，这是人的智力发展中的重要方面，是前创造力阶段。创造力是人类改造自然的主要动力之一，也是人与动物的根本区别之一，在人类及人类社会发展中，起着至关重要的作用，从一定程度上讲，社会发展程度愈高，对创造力的要求愈高。创造力从根本上讲，将实现从大脑的想象设计阶段向获得某种形式的新的智力产品阶段的转化，这是人类在改造社会和自然过程中的真正成功，因为，人类通过艰辛的创造过程填补了思想与实践中的诸多空白，实现了人类认识、改造世界的目的。

人的大脑机能预示了人具有认知、记忆、思维、想象、创造的能力，人的发展也在这一系列的智力活动中实现。智力增加了人类生存的力量和质量，人可以通过内在基质能动地获得自然和社会并未提供给他们却为其所需要的事物。

2. 本能与自觉能力

挪威奥斯陆大学的让罗尔·布约克沃尔德教授（Jon-Roar Bjorkvokl）曾提出了一个著名的论断：人类的每一成员都与生俱来地有一种伟大的创造性力量，有着本能的缪斯。本能的缪斯是人类生存和人类自我意识的基本源头，是人类获取语言和文化内部规则的钥匙，是在无数咄咄逼人的复杂情势中对生活进行探索的导引。

相对于生物界的其他物种，人类进化的程度相对较高，但从相反的意义上来说，人生而具有的本能的自动调节装备也随之而弱化。保持本能和自然适应、进化本身就是相对的发展状态，生物本能是人的遗传性的生存技巧的一种，是无条件的；自然适应性则不同，更强调人对环境的感知、觉察和适应，使得其行为模式伸缩性大，学习能力强，随机应变和时刻应激的警觉随时会爆发出来，对人的行为方式和思维方式进行调节。而动物则不同,它们对周围环境的适应方式和程度始终如一,一旦它们所赋有的本能不再适合于成功应付不断变化着的环境,那将可能有物种宣布灭亡。自然是残酷的,但也为人的进化不断带来新机遇,才真正促成了人对世界的不断认知和自身的永续发展。人不能像动物一样用锋利的爪牙来获取事物,也没有像动物一样用天然毛皮去抵挡严寒酷热,或是超强的奔跑速度去追捕猎物,这种天然的"匮乏"却激发出人类超强的环境适应力、学习能力和满足自我生存需要的自觉力。从长远来看,人通过自己的努力来改变生存环境的自觉力是非常宝贵的有利条件,因为人摆脱了本能匮乏而被局限的窘境,自己去思考和发明,懂得用其他的东西换取所需要的东西。正是这样,人具有其他物种所不具有的学习、改造和适应的重要能力。可以说,当人发展到一定程度,人的行为不再完全受限于本能的支配,对环境的适应不是被迫的,也不再为遗传机制所决定。

正是由于能在一定程度上摆脱来自自然本能的无条件性限制,即人摆脱本能的强制性而言(不是完全地摆脱),人具有意识和行为选择的自由,只是这种自由增加了人生活的危险和不确定,人对环境的适应远不及本能自动调节机制来得迅速、有效。举例来说,鱼鹰的捕鱼本领是天生的,但人要捕鱼则要通过艰苦的学习,还要制造工具帮助完成。对人来说,学习、思考和创新是伴随其生命和生活全部过程的具有超越意义的活动,这种自觉不自觉的实践活动,在人的自然能量之上又增添了发展的力量,克服了人的生物学意义上的缺陷,养成了其自觉能力,在与环境的相互作用中,使更高级的设想成为下一个现实。

3.潜能与可发展性

先天潜能是个体能力的来源之一。在生物学意义上,人的先天潜能是"未特定化"的、未完成"的,具有"可塑性",通过实践、开发,人的潜能可变为现实的习得性能力。

人之所以具有可塑性、具有无限发展的前景和可教育性,因为人的身心拥有巨大的潜能,且人的发展潜能是未特定化的。美国著名心理学家和哲学家威廉·詹姆斯(William James)指出,普通人只运用了10%的潜力,这尚未用上的潜力可以通过适当的教育、训练和实践开发出来。苏联研究者亦强调,生物学、心理学、人类学、逻辑学的研究成果证明人类的潜能是巨大的,大脑所储存的能力使人类目瞪口呆。正常情况下工作的人,他们实际只使用了其思维能力的很小一部分。如果人们迫使大脑达到其一半的工作能力,人们就可以轻而易举地学会40种语言,将一本《苏联大百科全书》背得滚瓜烂熟,还可以学完数十所大学的课程,创造是人的重要潜能之一。关于创新或创造已形成有三种基本原理,第一原理:创新是人脑的一种机能和属性,与生俱来;第二原理:创新是人类自身的本质属性,人人皆有;第三原理:创新是可以被某种因素激活或教育培训引发的一种潜在的心理品质,潜力巨大。有研究者指出,创造是人类永恒的活动,是人类本性和本质力量的最高表现,而创造欲是人类群体基本的调节机制之一,为人类所特有。人的创造潜能与大脑的生理机能相关。大脑神经系统结构复杂,含有大量神经元和胶质细胞,如此巨大的神经元组成数目,表明人类拥有丰富的潜能。

斯皮尔曼(C.Spearman)早在1904年就提出了智能双因素理论,把人的智能分成两块,一块是对一切智能工作都有效的一般能力(general abilily),简称"G"因素;一块是仅适用于特定工作的特殊能力(special abilily),简称"S"因素。卡特尔(B.B.Catleli)在智能双因素理论基础上,提出人类智能由流动智力(fluid intelligence)和晶化智力(crystallized intrlligence)组成,其中晶化智力是后天训练的结果,最显著的特点是知识与智力相结合。人们在掌握知识,使知识内化的过程中,人的潜在能力也由此得以发展成为现实的习得性能力。人的能力的形成进一步表明了人的潜能的未特定化和可塑性的重要意义,即为人的发展提供了无限多样的可能性。人能适应各种环境,并能运用一事物为多种目的服务,人的潜能可能在人适应环境,改造生存环境的需要下得以释放和利用,人的生存则超出了通常意义上的本能反应或被狭隘地规定在少数生命功能上。因此,舍勒(MaxSCheler)才会无比感叹:"人按其本性来说,本质上是能够无限地扩张到他自己作用范围的地方,扩展到现有的世界所能延伸的地方。人是一个能够向世界无限开放的。"

4. 创造进化论

创造进化论（theory of creative evolution），流行于20世纪初的西方哲学中的一种发展观，尤以伯格森（Henry Bergson）的观点为代表。伯格森从进化中生命所具有的创造性出发，解释生命过程的特殊意义，肯定了生命创造在生物进化、发展中的意义。

伯格森对传统的形而上学哲学观对事物存在和变化的线性的、机械的解释示以反对，与这种解释相反，伯格森本人认为，作为认识主体的人不是客观实体，其自身是一个具有内省性的创造性主体，是一个生命之流，人的生命进程具有内在连续性，是一种不间断的自我更新，使得人的感知经验得以产生的这种内在生命包含各种品质。最值得赞叹的是，这些内生的品质会持续不断地进化，通过进化促进人的直觉体验各要素间的和谐。人的主体体验的新知识、新感受包括被体验的客体的生命力在生命绵延的进程中得以创造和保存，而且作为一种要素的"过去的时刻"也在跟随人的体验而前进，"这样，我们自己的全部的过去都会在生命的冲动中再现于我们的眼前，这种整体的过去（体验）大部分是以发展趋势的形式表现出来的，只有很小一部分是以理念的形式呈现在我们的智力理解中"。伯格森在这里对"生命的冲动"做了生动且深刻的解释，他把"生命的冲动"这种特性称之为生命的原创性动力（original impetus of lift），"这种特性对环境的依赖性要小得多，这种特性普遍地存在于最有代表的物种中，内在于该物种的基质中，而不是单独地存在于该物种的物质性材料之中。因此，生命的原创性动力，亦即生命的冲动这种生物的内在特性也是遗传性的"。

伯格森（Berg Son）给我们展现了这样一种情况：生命是联结在有机体上的，而有机体则受到控制生物惰性物质的普遍法则的制约。在这一总法则的制约下，生命体的内在运动必然与其外在体质上的运动保持默契。但生命体实际运动中的情况却与此总法则相反。生命进程中的冲动作为一种精神性的欲望，它常常与生命体中的物质性存在产生冲突，受到抑制，受到另外一种反向运动的掣肘，这些反向运动潜存着一系列生命的对应关系：物质结构的惰性与进化欲望的冲动、物理性载体的稳定性与生命意志的波动性。这种体现在对应关系中的既相互抑制、冲突又相互促进和补充的条件，形成了生命存在和延续过程中的创新和进化选择。

由此看来，生命发展运动中所发生的变化在本能上出现了欲想摆脱普遍法则约束的趋势，它代表着与物质的机械性发展方向相反的原始冲动，这种生命冲动区别于一般事物形成和发展变化的规则，体现了生物的生命运动过程中的创新精神的自由行动，生命也正好体现在这种自由之中，这种蕴含创新及其他品质的生命冲动将通过发达的生物机理传递给下一代。

（二）人的社会性发展

人的发展与社会的发展密不可分。一方面人的发展体现于社会历史的发展变迁中，包括人类在不断变迁的历史中所创造的一切文明、社会关系等；另一方面，人的发展以社会现有的发展状态为基础，在对现有的生存环境的不断改造、创新中实现新的发展。不难发现，人的发展以社会的发展状态为基础。社会同自然共同为人的发展提供了现实的物质资源及精神质料。

1. 人的发展的社会根源

人的生命发展中最基本的发展需要是生存的需要，生存取决于必须获得维持生命的物质，人是通过实践活动来获得生存资料的。人的物质实践活动是人所特有的对象性活动，在这一过程中，人不仅可以获得维持生存的物质资料，重要的是人可以通过实践劳动增加认知和实践的经验。人的生理活动、心理活动和社会活动皆源于人的实践。劳动实践增多了、发展了，人的身心将得到锻炼，人的各种能力、关系还有个性也会随之而形成，在实践中改造自身，磨炼出新品质，产生新想法、新观念、新的交往方式、新的需要等。人的能力的提高和全面发展并非一蹴而就，在社会实践和社会发展过程中不断得以提升。人的发展在人类群体共同合作劳动中实现，在这一发展基础上促进了人类整体生产实践能力，即社会生产力的发展，这使得人们的生存资料日益丰富，并在此前提下追求享受和发展。人的发展是以物质资料的极大满足、在人类共同的社会实践合作和交往关系的基础上才可以推及的。

2. 人的社会性发展本质

人的发展反映的是人的本质的发展。人的本质并不是个体固有的抽象物，在现实性上，它是一切社会关系的总和。现实性就是人的物质需要满足的条件和过程，这个过程在社会实践中实现，人的本质的发展就是人的自然属性和社会属性在其社会关系中的历史性的发展。人的自然属性指作为自然生物所具有的特征、形态、本能，比如自我保存的本能。人的社会属性指人作为社会生物所具有的特征、形态、关系，比如语言、思维、创造性并且在此基础上产生的主体性、道德性、交往性等。区分人与动物不同的是人的社会属性。人的社会属性的发展通过社会关系、社会实践活动、人的需要的满足、人的素质提升表现出来。

在人的社会关系中，最能反映人的发展的是物质关系中的生产关系。生产关系在人的发展中是最基本的方面。人的发展的丰富性、全面性取决于社会关系，特别是生产关系的发展程度。人的发展是伴随着社会关系的不断递进，经由不充分发展向充分发展、片面发展向全面发展这一历史过程。从社会历史的发展来看，相对于只依赖于个体的、血缘的、分工的、地域的、民族的社会关系，广泛地参与各个领域的、各个方面的、各个层次的、融入世界的社会关系，人的本质的发展才更充分、更全面。除了社会关系，另一个与人的发展相关的方面是社会实践活动，它是人发展的本质规定和重要源泉，人的社会实践也随着社会生产力水平的发展，出现了丰富、多样的形式。在现代社会，人的社会实践活动日益丰富，表现为脑力劳动与体力劳动、生产实践与管理实践、物质产出与精神产出的统一。人的实践活动有了更大的空间和更自由的时间，隐伏于人身上的各种潜能也在社会实践中被激发出来。在文明和复杂的环境中，人的发展的程度是以往不可比拟的。社会关系的不断丰富、社会实践活动的日益复杂，归根结底是满足人的不同层次的社会发展需要的结果，人的需要表现为不同的层次和多样性。按照恩格斯的划分原则，即根据社会成员对所创造的社会产品的消费，把人的需要按层次划分为生存、享受、发展创造的需要。人的需要呈现出多样性，有自然生理需要、社会性需要，在此基础上又可分为物质需要、精神需要、群体需要、个体需要等，无论哪种需要，都反映了人在维持其生存和发展中对外部世界的物质、能量、信息的一种摄取状态，是人类从事各种活动的动力和源泉。伴随社会的形成和发展，人们在长期的社会实践中自然地积累了对客观世界的认知经验，创造了前所未有的物质、精神成果，人的素质也得以提升。人的素质以人的先天禀赋为基础，是在社会实践和社会关系中形成和发展起来的相对稳定的身心系统。具体指体力和智力的协调发展，包括思想、道德、文化、政治等方面在内的社会素质的发展及包括智能素质、体能素质、职能素质在内的能力素质的发展。人的素质发展建立在社会的发展基础上。知识社会，知识更新加速，科技进步加快，要求人的素质发展与社会发展需求相统一，这种内外协调的机制同样是人的发展的本源，推动人更全面、更充分地向前发展。

（三）人的发展的教育支持

人在不断发展和高度文明的社会中，自我发展的意识增强，且愈来愈强烈，成为普遍的社会需求，这种需求鼓励了专门的为人的身心发展而服务的事业和社会机构的出现。从个体发展需求的角度来说，教育的出现是顺应潮流的。从社会历史自身的发展来看，也正是经济规模化、技术化发展的趋势，以及从政治的民主化和长治久安来看，教育足可以为社会这些方面提供强大的人力后备支持和推进民主、加强公共意识的条件。从一切非常契合的状况来看，教育是历史的产物。人的生命追求天然地与社会政治、经济、文化联系在一起，从另一方面说社会选择了教育这种社会实践形式，人便自然地与教育活动相联系。

1. 主体发展意识的上升

人在社会实践过程中或与社会或他人交流过程中，常常出现对社会适应的反差，或者对与他人之间处境不对等的对比，这些条件作用常常会唤醒人的主体意识的不断反思，分析现状，为未来的打算做出规划，是人自我发展的动因之一。当人达到具有较清晰的自我意识和自我控制的发展水平时，人便可以主动地、自觉地、有目的地影响自我发展。当人具有这种主体意识时，就会把自身的发展当作自觉实践的对象。这种实践既指向适应周围的环境，而且指向自我未来形象和境况的改观。自我意识主体具有强烈的摆脱现状、改变自我的意愿，在未来发展目标的指导下，一方面从周围环境中积极寻求和创造出实现发展目标的条件，同时规划通往未来发展目标的策略和途径。可以说，每个人的自我意识都有各不相同的生成环境，生成的时间、条件也各不相同，甚至每个人选择的发展目标可能对社会和自己的发展都具有积极意义，或者给社会、给自己带来反面的作用，这些都是未可知的，如果有一种力量来引导，可能会产生积极、合理的结果。但我们必须承认，随着人的生理、心理的成熟和社会经验、人生体验的不断丰富，人的自我意识会越来越强，人的自我意识对人的发展来说是重要的内在驱动力，是重要的内塑能力，是人发展到生理心理成熟水平后的产物。具有自我意识或主体意识的人，会在意识中理智地复现自己、策划自我未来的发展，并努力在现实中去实现自我发展。自我意识在自我发展中的重要作用是，过去的发展水平和未来的发展意向同时参与到现在的发展，构成了连续的、不断上升的人的发展过程，人时时处在自我发展中。

2. 人的自我发展的现实力量

在人的各种实践活动中，人先天具有的生命发展水平和后天获得的各种素质能力，构成其进一步发展的条件。人的智力、情感、意志、行为、知识经验的结构水平、个体的心理倾向性等都构成了自我发展的条件。条件本身的利用和转化取决于主体意识的强烈程度、主观能动性的大小，也受到主体与外界交互活动在倾向性上的适切程度，如果外界的影响是积极有效、非负面性的，人的发展则相对顺畅。但在大多数情况下，人与环境互动过程中，这种外来的影响是不可预料的、随机的、碎片化的。这种情况下，人们需要有一种合乎人的发展实际的、整体性的、有序的且能增进人的各种能力全面发展的外部活动来唤醒人内在的动力系统，帮助人们实现真正的发展。教育承担着这样的角色。

人具有未完成性和可塑性，因此，其发展结果也具有不确定性，可能会朝负面性的一面发展。教育引导人的发展方向，通过教育可以帮助发展主体向合目的、合规律的方向发展。人的发展可以分为不同的阶段，无论处于哪一个发展阶段，都有与其相对应的发展水平，如果缺少了发展的动因，那人的发展将暂时停留在某个发展阶段。教育提供个体发展动力，通过教育不仅增加知识经验的积累，也能培养和激发个体的自我意识和主体性，使人能有目的地、自觉地影响自我发展。发展是主体自身的建构过程，是潜能的开发过程。雅斯贝尔斯（Karl The odor Jaspers）曾言"真正的教育绝不允许死记硬背，不是理智知识和认知的堆积，而是人的灵魂的教育，教育活动关注的是人的潜力如何最大限度地调动起来并加以实现，以及人的内部灵性与可能如何充分生成"。传授、接纳已有的东西并非教育的全部，唤起人的生命深处沉睡的自我意识，唤醒人的创造力、生命感、价值感，尊重个性，给具有差异性的不同个体的个性施展和发展创设条件和机会，是教育对人的发展的根本价值，人的发展是根本性的存在，指向未来，具有不可确定性，教育则为黑暗中行走的人们照亮发展的道路。

二、大学教育的发生学讨论

（一）大学教育的社会性征

大学教育何时产生？因何而产生？有了这样的疑问，自然会使人们将注意力转向对大学教育历史的考察。在考察大学历史之前，对两个重要概念必须要做出说明。第一个概念是"大学"，第二个概念是"高等教育"。以今天来看，大学是实施高等教育的机构，高等教育则主要是以大学为依托发展起来的社会组织系统，高等教育同时还指发生在高等教育机构之内的教育教学活动。但在19世纪之前，大学与高等教育没有意义上的差别，"19世纪之前，高等教育基本只有大学一种形式，二者往往被看成是可以互换的同一概念"。这样，对19世纪之前的大学教育历史的考察将不受今天"高等教育"概念的限制。大学的产生、大学教育活动的发生、大学教育形式的变化有其特定的历史土壤，这是不容选择的客观事实。

（二）以思想集散的方式发生

如果用现代高等教育标准的尺度来衡量历史上达到高等教育活动水平的教育活动，势必会忽略不同历史时期高等教育发展的历史特征，使人们陷入机械判断的误区。追溯历史发展轨迹，中世纪大学建立之前，大约在中国的春秋战国时期，西方的古希腊时期，高等教育已处于它的萌芽发展期，且以名人思想集散的方式发生。在这一时期，许多富有名望的思想家或"智者"门下会聚集来自四面八方的求学者，听他们传道，讲授高深学问。这时的高深学问，就是与体力劳动相关的生产实践并无直接联系的学问。比如古希腊的"七艺"，中国的"四书""五经"。这种思想教化的简单方式是自发和自由的，以非正式的、弥散的方式进行。比如古希腊苏格拉底（Socrates）的修辞学校、柏拉图（Plato）创办的阿加德米学园以及后来的亚里士多德（Aristotie）设立的吕克昂学校自由辩论、讲演、思考的氛围浓厚。这些学园成为当时那些不直接从事生产劳动的贵族文士闲暇休息之地，进行一种非生产性的闲暇活动。这一时期在中国，诸子百家游学论道之风盛行，百家争鸣。最具代表的稷下学宫，各派学者林立，学术自由之风盛行，广泛研讨辩论，是中国历史上文化思想产出最多、人才最聚集的时代之一。

  无论东方或是西方，萌芽期的高等教育发展通常是自由、开放的。教育者们或者聚众讲学，或者游历传学，同时也著书立说，以传播个人思想学说为目的。这些学识渊博、能言善辩的学者也为后来大学的产生创立了思想、方法和知识基础。经他们发展起来的教育内容和提出的教育思想观点成为后来大学教育珍贵的资源。比如经由古希腊"智者派"和柏拉图创设的被称为"七艺"的文法、修辞、辩证法、算术、几何学、天文学和音乐一直是欧洲中世纪大学的基本科目。亚里士多德提出的"自由艺术教育观"对后来的欧洲高等教育观产生了深刻影响。而由中国的孔子及其弟子整理修订的"四书""五经"以及孔子提出的诸如"有教无类，因材施教"等教育思想在中国教育史上占据极高地位。可以说，这一时期的教育家、思想家游学研习，辩论争鸣，为传递和发展知识学问，传播人文精神和伟大思想做出了卓著贡献，也为中世纪大学的产生奠定了基础，更重要的是，开辟了人的自我发展和自我思想革新的途径。

（三）大学教育力的生长与扩散

  大学教育经历了由非正式化向专门化发展的过程。从实际来看，大学教育专门化过程是大学教育影响力不断扩大的过程，专门化的大学教育，具有专门的场所、具备专门的教学人员，规定了专门的教育内容、教育制度、教育方式等，是大学教育发展状态的生长与进步。专门化的大学教育机构实质变成了社会系统的一个功能机构，帮助社会培养符合某一社会气质和要求的人才。除了人才可能把教育的培育功能在社会系统中转化为现实的力量之外，在构成大学教育机构的非流动性因素中，与社会的发展功能最贴近，与社会利益最直接相关的是教育内容。教育内容在高等教育中的主要形式，是被称为学科或更具体的课程的东西。学科或课程与知识相关。知识发展经历了从理性主义时代向经验主义时代的转变，再从经验主义时代向实用主义时代转变的过程，知识的发展越来越严密，体系越来越庞大，经脉也越来越分明，形成了强大的门类体系。比如横向上，心理学、社会学分别从哲学中分离出来；纵向上，天体物理学从传统物理学中分化出来，形成了单独的专业知识体系，等。除此之外，还有表现形式、性质类别等方面的不同区分。无论怎样，知识专业性的发展趋势明显，而且知识在大学中也是按照专业类别存在的，是大学教育专门化过程中的重要影响力量。可以说，大学教育专门化的过程从某种意义上说是知识专门化过程的现实反映。由此说明，大学的发展与知识的发展关系密切，二者之间有彼此影响的成分。一方面，大学是知识的集散地，关乎知识的传播、流通、借鉴、创新与发展；另一方面，大学在对知识传播和重新组合的过程中，同时扩大了其对社会、文化和人的发展的影响范围，这种影响程度通过接受大学教育的文化者和知识者人群对现实社会物质文明的建设活动和精神文明的实现活动体现出来。在大学教育中，最基本的结构关系反映对人的发展培养过程中，比如教育目的、教育方式、教育的文化形态、教育的影响结果等皆与这一过程相关。

从中世纪的大学来看，在内部结构中，教师与学生的身份界限非常模糊，他们以 Vniversitas（学者行会）的形式组成知识共同体，围绕某一方面知识进行辩论或讨论。这种辩论或讨论是传播知识、进行研究的一个过程，在这个过程中也伴随有教学过程，辩论或讨论的双方在这一过程中增进了对知识的了解，但培养人并非其主要目的。中世纪大学中的这种知识传播的活动，保留有萌芽期思想传播的痕迹，更重要的是所传承下来的思想被进一步体系化、符号化，成为能够保留、传播和分享的文化资源的形式之一。因为这些珍贵的知识只掌握在少部分具有特权的人手中，这部分人大致分布在当时的教会或大学里，追求和传播知识是他们的主要目的，但是学者行会内的学者并不追求知识的实际应用，与社会的政治、文化保持一定距离，只是遵循从知识到知识的逻辑，不断从理论上进行知识推演。需要指出的是，这时的知识内涵远没有现代社会所指的知识的内涵那样丰富，至少科学知识还未进入大学。

从文艺复兴到科学革命和工业革命这一时期，大学的专门化程度进一步扩大，大学职能由学术研究和知识传播转向人才培养，并沿袭古希腊、罗马的学术与文化来培养人格完美、知识丰富的百科全书式的新人，大学的教学内容也发生了很大变化，新兴的科学知识和人文知识被融进传统的"七艺"学科教学之中，比如大学中新设的学科有物理学、植物学、解剖学等。

工业革命加速了知识的分化和专门化过程，大学开始围绕着各种专业、各个学科以及各门课程组织其教育形式和内容。高等教育与普通教育衔接，成为建立在普通教育基础上的专业教育形式，大学组织不断扩大，内部结构开始变得复杂，大学功能开始综合化为培养人才、科学研究和服务工业社会，同工业社会建立了紧密联系。工业社会的经济发展划分出更多的专门领域，大学专业和课程的设置也适应经济部门划分的需要，人才培养也相应地专门化，大学教育的专业教育特性愈加明显，大学的教学内容和课程偏向于以实用性的知识、技术为主。

在大学教育专门化过程中，知识这一文化形式的社会功能在社会发展中日益凸显，社会和个体对知识的依赖程度也不断升级，知识甚至与人们的生存状态生死攸关。

（四）为生存而竞争的领地

循着大学发展的历史线索，人们至少会达成两点共识：第一，大学的产生和存在与思想、文化、知识的传播保存密切相关；第二，大学的影响范围逐渐扩大，对社会以及人的社会生活的影响程度逐渐加深。时至今日，大学已演变成为国家和个人为生存而竞争的领地。

就个人与高等教育的关系而言，直截了当的表述就是高等教育改变了人的

"精神面貌"。外表的任何变化都无法触及人的"精神面貌"的根底，它是人的身心状态发展的整体水平的集中反映，包括对外部世界的认知水平，对各种外部因素的适应性，对社会组织的建构，对个人能力发展的建构等方面；同时，这一概念也作为反映人在实践活动中不断积累并变化着的动态的水平指标。在人开始参与各种活动（思维、运动、劳动、交往等）之后，随着时间的推移，一定会有一个发展的水平与其起始水平相对照，这种发展水平具有阶段性和不规律性。比如，在某一阶段，可能是发展进步的，在某一阶段也可能是后退的，或者，在某一阶段的某一方面有可能是发展的，也有可能是后退的，存在不可预测性，因循的是一种波浪式的前进和螺旋式上升的发展路线。借以这样的理论分析之上，从高等教育开始出现到高等教育发展至今，人们的"精神面貌"在高等教育发展的不同时期都有哪些不同表现，在这个人与教育的关系中，又是如何反映着人与自然、人与社会、人与自身之间的复杂关系的呢？

从萌芽期大学到中世纪大学到文艺复兴时期的大学，再到工业化时期的大学，一直到知识经济时期今天的大学，人的精神面貌的发展各个时期有着不同的呈现。萌芽期人们是闲暇、自由的；中世纪人们的一切活动被神意志所规约，人的行为方式是教条化的，充满神秘色彩的；文艺复兴时期的大学都努力地朝向世俗的方向发展，强调人性的苏醒。有教养的、有完美个性的和身心和谐发展的"人"是人们尊敬和渴望的类型；工业化时期的大学确立起了现代高等教育的制度和理念，进入高等教育的现代化时代，高等教育的发展带有国家意志，大学内部为适应工业化的生产而做出大幅度的调整，学术自由发展被搁置于科学技术训练之下。在大学中，人也是严格按照科学技术训练的方式被规训，否则自己的职业生涯在未开始时便会结束。知识经济时期的大学，更是以源源不断地提供知识技术养料给社会来维持其存在，人所接受的教育则是按照经济发展的逻辑和社会需要的模式来安排的，大学无法自己发言，也无法让她的追随者们发出自己的声音。大学被社会绑架了，同样地大学也绑架了学生。

今天的大学正处于工业时代与知识经济时代的交汇处，仍然保留有工业时代大学的显著特征，注重实用的科技的开发，注重适合社会生产的各类专门人才的培养。即便是社会转型给大学带来了对当代发展的思考,这种探索只是刚刚开始。因为种种原因,经济的原因也好,技术开发和人才需要的因素也好,大学都无法摆脱国家的全面干预。现代大学内的活动较之传统大学活动已不是纯粹的"教育"活动,而是建立在适应工业化社会要求,培养实用人才,发展实用技术知识基础上的工具性活动。可以看出,大学教育被社会所绑架,大学自我发展的内部逻辑被忽略,盛行着以国家为中心的教育价值观,实际上是一种"工具论"的价值观。大学教育已不似传统大学那样,专注于修炼个人心性、陶冶自由探究品质、传授与研究高深学问的活动,大学已然成为关系到个人生存和国家生存的"工具性"活动,成为为生存而竞争的领地。大学是社会的黏着体,个体又成为大学的黏着体,社会通过大学来为其选拔人才,人才通过大学被送入社会,被给予相应的职业角色,解决人的生存之忧。在终身教育和高等教育大众化趋势强劲的当代社会,大学甚至整个高等教育系统正在为其提供制度依托和保障。

三、大学的人文哺育

可以说教育活动是从"认识人自己"肇始的,人们希望通过人与人之间的思想交流活动获得精神上的更大解放。从一开始人们内心对教育就存在一种精神上的依赖,包括思考、辩论、讲学在内的一切与认识有关的活动构成了人类生存活动中获得进一步发展的重要形式。通过教育,人们能获得对世界和对自身的新的认识,人们对生存和发展的需要强化了其对教育的依赖。教育则以人为主体、以人为核心、以人的发展为目的,这是教育本体功能的内在向度,在功能上迎合了人的需要,虽然在经济大发展时期教育也会遭受外在因素的影响,但强调人性向善以及人与环境的协调适应、人的自我超越是任何形式的教育共同的信条。

(一)推动主体的自我超越

人的主体性变化,人的原初发展潜能的表现是教化的结果。教育是以"文"化人的活动。教育是人之自我建构的实践活动。个体在先天自然特性的基础上发展,但却能够超越这种自然特性,按照类的特性存在,适应社会并改造社会,这皆因教育而实现,教育一方面发展个体的自我意识和个体潜能,一方面在社会实践和交往中协调种群的发展一致性，发展人类共同的文化和人类共同的意识，提升人在种群中的社会适应性。在客观性上，社会现实对人的当前状态进行了规定，但从主观能动性上，人具有改造和超越现实社会规定性的可能性，教育是将这种可能性转变为现实的重要机制。通过这种机制，人将获得所需要的知识能力和超越现实规定性的内在动机，人在社会实践中获得的知识能力超越社会对个体的规定，实现人的主体性发展和自我超越，并给社会带来了新的发展生机，在与人的相互作用过程中，为人的发展创设新的发展动能。

人的自我超越的实现一定是以相应的知识、能力和其他素质作为基础的，而且要通过主体性的各种活动来实现，教育尤其是大学教育为人的自我超越的实现提供了更为相关的可能。通过教育实践活动，人们可以尽可能地掌握人类创造的文化知识成果，可以将个体的认识经验水平提高到类的认识经验水平，发掘出人的各种潜能和创造性，使人成为一个具备较高能力的创造主体，能够实现对自我和社会规定性的超越。大学教育对人的发展的价值还体现在它是一种致力于改造人的主观精神世界的实践活动。借助已有的文化知识和各种方法，教育不断唤醒人的发展动机，人的主体意识和人的价值追求的激情，扩大人的价值实现的时空和无限的精神追求的视域，使人产生各种自我实现和自我超越性的需要，这种需要和理想不仅限于已经出现的物质、精神对象，并且指向现实中并不存在的、预见的、想象的价值对象。人的主体性既体现于超越现实社会规定性的目的性活动中，也体现于人的未来发展过程中。人们对自我发展状态有着自觉追求的意识，也对自己的未来有着自觉的评价意识。自我的自觉是自我发展的前提，自我的能力是自我发展的条件，自我的超越则是自我发展的集中体现。人的自我发展和自我超越在很大程度上离不开教育实践活动的直接影响。大学教育的任务在于使人们能构建未来世界的见识和理智，把知识与实践联系在一起，获得新的经验，使人获得发展，永葆面向未来和自我超越的激情。

（二）大学的文化认同包含人之个性的参与与创造

自中世纪大学形成发展至今，大学教育显示出其巨大的思想包容性和对各种价值观念所赋予的理解和尊重。从过去到现在，无论处于哪一个历史发展阶段，大学都吸引了众多的追随者和信服者，人们选择和信服的动机和原因很多，无论是什么，但其中有一个原因是不可忽视的，即人们对大学的依赖缘于大学的文化认同作用。人们相信文化认同的力量，获得了文化认同，人们才拥有了某种合法的权利，也将行使其所需承担的义务，更重要的是个体的活动才有价值。

文化是一个集合概念，在同一属归的人类社会中，文化是一个具有公共含义的概念，它对于任何人都可以毫无保留，当在特定的人群和环境下，文化则具有显著的群体特征，并将每个个体区分开来。人们的行为活动并非不受到限制，而是受到了文化理性的限制。人们必须要适应社会，与特定的文化相融，寻求自我与社会，自我与社会既有发展形态之间的最大契合，在此基础上才能获得自我发展的空间与准备。其中有两种方式：一种是直接进入，一种是寻求新的更能启动积极影响的力量，对既有的承载了特定形式和意义的文化进行改造和改进。这两种形式依托于大学所提供的便利。大学是一个致力于获得各种文化形式的知识机构，各种文化在大学中得以整合、组织并向人们开放。文化认同在大学中有突出表现，大学同时也在培养大众批判的、反思的价值观。无论是个人的教养养成还是社会公民身份的冠加，大学都是合法化的机构。通过接受各种形式的大学训练活动，人们获得准入社会、融入其中的有效资格，但同时大学的文化认同也体现在新的文化内容或文化形式在已有的文化体中占据一席之地。可以说，大学的文化认同过程并非单方的施加影响的过程，也是人在获得自身合法地位的过程中，试图通过个体力量的介入，以突出自我影响力，拥有和保持其长久的合法地位的积极的方式；这既是一种巩固其地位的需要，也是保持其所归属的文化先进性和优化性的改造和创新活动。大学文化认同既包含文化影响，也指人的文化创新，大学的文化认同使人们比较有序地融入社会，个体通过改造力量的投入，寻求自我价值的最大实现。

（三）指向人的理性自由与人性归真

人是教育的目的和依据，这是对所有形式的教育，包括大学教育价值定向的首要依据。大学教育过程中，她以特有的方式满足了人的发展需要，但教育无法回避人性问题，正如中世纪的宗教枷锁锁不住人们探求真理、渴望理性自由的愿望一样，一旦教育无法满足人的精神发展需求时，人们便会起来为获得自由的发展而据理力争。

大学教育是人的实践活动之一，是在社会中进行的，离开社会，这种实践活动便没有可开展和利用的资源。人在社会中进行的教育实践活动，会形成其社会效应，即教育对人的价值反映到社会关系上而形成的价值，教育的社会价值产生于教育对人的价值产生之后。因此，教育的价值首先是对人的价值，而伴随其后的社会价值是指从社会关系的角度来看，教育对人的价值，高等教育的本体价值并不直接指向社会，而是指向人的自我实现和自我发展。塑造完美人格、追求个性本真和人的理性自由是大学教育的旨归。但是，在大学教育发展过程中，受科学理性及其方法的影响，形成了大学重抽象、重逻辑推理、去主体化科学原则，使人的主体性受到压抑。而且受实体化的社会观的影响及社会客观发展的影响，教育的社会价值凌驾于人的价值之上，即大学以推进科学技术的发展来组织其内部活动，以适应社会各方面的需要为圭臬，人的发展浸透着训练、操作、规训、谋利的色彩，人的发展沦落为一种工具价值，教育与人的发展之间最原初的价值联系被其他形式的外来利益诉求所干扰。这一切表明，大学将不得不做出一种选择，当时代不假思索地将现代大学推入工具理性的深渊之时，人们对大学的批判随之而起，大学到底是要继续倒向工具理性的怀抱，继续形塑"工具人""单向度的人""异化的人"，还是自我反思、自我批判，重拾大学的人文精神，彰显大学的人文情怀，将工具理性与价值理性统一协调起来，担当其精神引领和文化批判角色，与人的本性与自由发展走向统一而不是相互背离，正如赫钦斯（Hutehins）所说，"大学教育应该是主体为人的教育，其目的是人性不是人力，唯其发挥人性，使人达至完美境界，而不是可悲的经济工具"。教育因为观照内发性的主体发展需求而具魅力，人因为有了教育的哺化，其主体性的创新倾向更鲜明，社会是人实践的大舞台，教育唯其发挥人的各种发展性的内在诉求，实现了人的真正发展之后，社会大舞台才更绚丽多姿。

第二节　大学育人传统的演进与人的创新素养发展

现代大学源于中世纪大学,伴随大学历史发展变迁逐渐形成了其育人活动传统。大学育人活动传统是如何在大学发展变迁过程中形成的;这些育人活动传统包括哪些方面;不同的大学历史发展时期,大学育人活动传统时人的创新素养的发展会有什么不同的影响作用,这些问题将在这里一一说明。

一、大学历史演变过程中形成的育人传统

按英国教育家哈尔泽(A.H.Hame)的划分方法,从中世纪到现代,大学的发展经历了三个时期。第一个时期指从欧洲中世纪至工业革命这一段时期,即12世纪至18世纪中叶;第二个时期指18世纪后半叶至19世纪末;第三个时期指20世纪以来的这段时期。在此,将系统概括这三个阶段大学育人活动的各方面,在对大学发展变迁的历史溯源中,让一系列支持育人活动的育人传统清晰地浮现出来。

(一)中世纪至18世纪中叶的大学育人传统

大学的各构成要素之间相互作用,并与其运行相关的社会因素之间相互作用,这种相互作用方式构成了大学运行机制,而要确立大学的学术和育人体系,不仅要建立学术机构,还要在这些学术机构中确立各种教学科目、主体性活动及其组织方式等。系科、课程、教学、考试与学位授予等共同构成了大学发展的第一个时期大学教育的主要内容。

1. 大学的科类

中世纪大学建立之初均为单科大学,比如早期的波隆纳大学(University of Bologna)单设法学学科、萨莱诺大学(University of Salemo)单设医学学科。以"七艺"为学习的主要内容,即以文科为主。发展至后来,大学开始分设神、医、文、法四个系科或四个学院,其中文科是神、医、法三科的准备阶段,而神、医、法

三科被认为是高级学院，学生修完文科，方能进入其他三科或三个学院学习。在四科中，神学居于支配地位。通常，各系科的系主任或各学院的院长均由教师选举产生；校长由四个院的院长选举担任。中世纪大学已具备科系学院组织、选定了课程内容并形成了学校的管理制度。

2. 大学的课程与教材

中世纪大学建立早期，学校的各种制度还不完善，对许多方面都没有做出明确规定。比如，学生的学习年限视情况而定，没有课程学习的课程表，学生自由游学。发展到后来，学校的各种制度逐步完善，建立了教学管理制度，学校对课程学习进行安排，有了课程表，制定了教学大纲及考核制度，在教学活动中有了可供使用的教材，大学的教学内容和教学实践不断完善。

（1）课程

13世纪之前，大学的课程设置并不统一，不同的大学之间或同一大学的不同时期课程的设置都是不同的。直到13世纪，大学规程或教皇敕令统一规定了大学的课程，各个大学之间的课程体系高度统一，在一所大学讲授的学科在内容和形式上与另外一所大学的同一学科无显著区别。这种高度统一的大学课程为当时各大学之间的自由交往和人员流动提供了可能。在这一时期，逐渐形成了适合普通教育的艺科课程（"七艺"）和专业教育课程（实用性课程）两类不同的课程；课程围绕着教材而开设，有哪些方面的教材就开设哪些方面的课程。艺科课程是为升入高一级学科学习而做准备的，不仅包括升入高一级学科学习的基础知识，还要通过论辩培养学生的思辨和逻辑表达能力。专业教育课程是指培养神学、法学、医学学科专门人才的专业教育课程，主要是为世俗社会培养实用人才做准备的课程。而且在专业教育课程下还设有实践和实习课程。

（2）教材

教材在中世纪大学教育活动中具有特殊的意义。在中世纪，许多大学的课程都是围绕教材设置的，课名即教材名。当时普遍流行的教材范本是古希腊、古罗马时期的权威著作。中世纪大学为学生规定了必读和选读书目，并以此作为获得学位的依据，这被认为是现代大学学分制的源头。

3. 大学的教学及考核方式

（1）教学

中世纪大学在初期，教学设备简陋，永久性的教学设备稀缺，大学里没有固定的教室、教学大楼，也没有图书馆、实验室、操场、校舍等。直到14—15世纪时大学图书馆才逐渐出现。师生上课的地点不固定，上课时集中在一起，下课后则各自分散，师生住在一起，在这种简陋的环境中，形成了中世纪欧洲大学一系列教学传统、方式等。不同的学科教学内容不同，但采用的教学方法基本相同，主要以讲授、辩论和大量的练习为主。讲授并不是系统地讲解学科的所有内容，而是讲解一些选定的原文和对原文进行注解和评论。辩论是为了使学生运用所学的知识，论辩具有即兴的特点，论辩中得出的结论是论辩者创造性的思想成果，这种对所学内容进行应用和讨论所形成的集体训练形式，可以说是中世纪大学的创造性贡献之一，为后世大学确定了基本的教学制度。

（2）考核方式

这一时期大学对考核非常重视，考核非常严格。这一时期的考核或考试方式基本以口头答辩为主。学生毕业和取得博士资格必须经过严格的考试。发表演讲、做报告、对反对的意见给予回应、进行辩护等。考试从内容到形式都与知识的学习和认知方式相关，并影响到教学。

从中世纪开始，大学已经出现了学位。但这一时期大学的学位并不代表学生的学术程度和学术水平。比如，学士学位（Baccalaureate）是大学第一阶段学习（文科学习）结束并获得一种新学徒身份的标志。硕士学位（Li centiate）和博士学位（DOCIoraIe）与教授并无程度上的差别，凡取得硕士或博士学位者，统称为教授（Professor），仅仅是一种荣誉称号。硕士和博士的区别在于，硕士考试不公开，博士考试则公开。

总之，口头传授和口试分别是大学发展第一个时期大学教学和考核的主要方式。这一切都是伴随学科的出现而开始的。学科教学的出现，致使学科规训出现于大学的教学过程之中，比如分科教学、专业化的教学和训练方式、考试等都是学科规训对学生影响的重要方面。在当时的历史环境下，大学的出现证明人们学习知识和传播交流知识的方式更专业、更有效、更规范，是保证人的智力和能力发展的重要条件，人的智力的发展、思维的训练及其他各种能力的发展将在有序的、规范化的环境中进行。

(二)18 世纪至 19 世纪的大学育人传统

从 18 世纪欧洲大学的发展来看，当时的大学发展深受资产阶级革命及工业革命的影响。许多新的自然科学进入大学课堂，大学课程开始世俗化，与当时的产业发展相联系，在有些国家出现了各种类型的独立的专业学校。但由于近代科学体系仍处于初创阶段，新的学科还未达到系统化的程度，因此，新学科在大学教学中并不居于主流地位。

19 世纪初，以德国柏林大学的创建为标志，现代意义上的大学产生，高等教育的现代转向也是从这个时候开始。19 世纪中叶，科学正式进入大学，经历了短暂的科学教育阶段，大学与工业化社会紧密联系起来，真正的现代高等教育阶段开始，大学育人活动向技术教育的方向发展，出现了科技知识与人文社会科学知识的划分。科学知识因为在理性方面和物质领域表现出强大的实用价值，并以此作为价值判断标准，将人文社会科学压制到大学生活的底层。

19 世纪各国高等教育迅速发展，不仅表现在新大学的出现、学校规模的扩大，也表现在各种高等专科学校、技术学院、城市学院等类型学校的出现，在美国还出现了赠地学院和州立大学，女性也可以进入大学接受教育。在 19 世纪，大学的发展出现了两种模式。第一种是以德国的柏林大学为代表的教学与研究相结合的大学育人模式，另一种是以美国的威斯康星大学为代表的服务社会的大学育人模式。从此，服务社会便成为继教学与科研之后的大学的第三项职能。

19 世纪的大部分大学都采用了习明纳的教学方式，即学生组成研讨小组，在教授指导下进行某个问题的研讨，着重培养学生的分析和研究能力。在教学中强调学术自由，即教学自由、学习自由的原则；强调教学与研究相结合的原则，即主张大学以追求真理、科学研究为第一要务。科学学科和研究被引入大学，考试的主要形式是笔试，大学具有自治权。除此之外，这一时期在美国出现了研究型大学，研究生教育获得发展，而且在大学中推行课程选修制。

可以说，18至19世纪大学教育具有革命性的意义。第一，教育的目的是培养完全的人；第二，开创了教学与科研相结合的传统，大学不仅传播知识还增扩知识，注重学生对知识的实际应用能力；第三，大学采用以研讨为主的习明纳的教学方式，培养了学生的科学探究能力；第四，考试制度不断完善，在口试的基础上出现了笔试；第五，大学开始增加自然学科内容，技术学院有与大学同等的地位；第六，在教学中强调学术自由的原则，在后来还推行课程选修制度，大大增强了学生学习的自主性。以上各方面的变化对学生能力的发展提出了新的发展要求，而且各国大学的改革方向也是指向人的求新、探索精神的培养及知识转化与应用能力的发展。

(三)20世纪以来的大学育人特点

进入20世纪，世界各国大学的发展呈现出一个普遍现象，就是高等教育大众化发展趋势明显。大学成为知识的最大宗主，尽管重大的知识发现和改革多发生在大学之外，但不可否认的是，大学聚集了各个领域的专家、学者，大学设有门类齐全的学科专业、实验室，大学承担各种科学研究任务，科研与产业紧密地结合在一起。其次，国家对大学教育的干预和控制明显，主要表现在各种发展性资源的支配和分配上。再次，随着计算机和网络等新媒体技术的成熟和普及，人们的学习方式也发生了相应的改变，人们获得知识的途径变得多元，大学时人的发展的影响方面发生了转变，社会及大众所期望的是大学能够真正提高人们所需要的各种能力。

就当前大学的人才培养来说，科学知识作为普遍的、权威的知识占领校园，使得个体的、传统的、民间的知识无法在大学讨论与传播，大学文化发展的根源被切断，工具理性的性格彰显。大学奉行了一套"接受学习"的方式，教师课堂所讲授的内容和学生学习的内容都是事先确定的，基本是结构缜密的概念、范畴、原理、知识体系等。学生一般要接受标准化的考试和测验，以达到正确、熟练、牢固掌握学科知识的教学目的。个体的愿望、意志、观念、兴趣等与客观理性不相容的非理性因素在认识过程中都被剔除出去。客观的、普遍的、价值中立的科学知识被认为是最有教育价值的知识，记忆、理解、掌握和应用这些知识被相应地作为大学教育的重要目的，并将这一目的作为整个育人活动的评价依据，评价方式是可观察、可观测、可客观反映现实的数理统计及量化考核等。学生对知识的认识和丰富是在专业不断分化过程中，在自己所属的专业内完成的，忽视了学科之间的联系，忽视了知识本身的不充分性。对学生来说，知识的提取和生成过程与自身无关，知识以概念、范畴、事实等这些静态、客观的逻辑形式反映在教师的教学中、学校的课程中以及学生的记忆、理解、学习过程中。这样的育人方式，不利于学生质疑、批判意识的养成和创新素养的培育。

大学按学科设置专业，按标准化的教学和教学评价开展教育、教学活动，按社会的需求来规定人的发展规格。与人的培养相关的课程、教学、教师评价、学业评价及其他实践活动都是按照科学的范式来设定，按照实用性和工具性的目标来检测。人的培养模式是通过对社会需要和人类生活活动进行科学分析之后来确定的。整个育人过程以科学性为思维根基，以科学性为标准，并按科学性要求制定育人活动的各个方面。知识按照产业部门被划分成不同学科，将人的学习活动与科学训练和职业准备联系起来。

（四）大学育人活动传统及其特点

通过对三个不同历史时期大学育人活动传统的比较分析，人们会有一个总体印象：大学教育在其形成和发展过程中，不断凝合了适合其组织特性和功能外溢的决定性因素，比如，知识、学科、课程、教学人员、教学形式等。这些因素大部分遗传了中世纪大学的基因，在长期的组织实践变革基础上，逐渐形成了大学功能得以实现的教育活动传统。每个历史时期，大学育人活动传统有共同的部分，也有不断改进和变化的部分，其中共同的部分就是在中世纪大学产生时就已经出现和形成的系科、课程、教学、考试及学位授予这几个基本的方面。在现代大学发展的第二、第三阶段，大学之中同样设有系科、课程，也进行日常教学、考试，也设立学位授予制度，所不同的是在大学发展历史的第二阶段（19世纪初），大学教学方式发生变化，采用以研讨为主的习明纳的教学方式，讲授、辩论、练习的方式不再是教学的主要方式；考试的形式也有所变化，出现了笔试；在教学中推行学术自由的原则以及课程选修制度。在大学发展历史的第三阶段（20世纪至今这段时期），除了继承中世纪大学基本方面，大学也发生了许多的变化，比如大学设有门类齐全的学科专业、实验室，承担各种科学研究任务；大学学科设置专业化，教学和教学评价标准化；按社会的需求来规定人的发展规格，人的学习活动与科学训练和职业准备联系起来。

几个历史发展时期，大学教育活动的变化是显著的，但都是围绕学科以及社会发展需要而变化的，其中系科、课程、教学、考试等方面依然是大学育人传统中的基本方面，而这些基本方面之间相互联系、协同作用所形成的学科规训是大学育人传统中对人的知识结构、认知能力、自主创新意识、人格的养成等方面产生影响的显著力量。

学科规训在大学的教育实践中通过学科、课程、教学、考试等方面表现出它对人所特有的影响作用。除了学科规训这一显著的传统外，在学科教学之外也形成了大学自己的校园传统，这些传统体现育人的理念、教育的社会诉求、关于人的自我发展性能力生成的过程等。总的来说，大学育人活动传统体现在学科规训之中的学科、课程、学科教学人员、教学、考试评价等方面，也体现于学科规训之外的校园传统之中。

（五）国内大学教育传统的演变

现代大学在中国扎根是19世纪末的事，中国的大学承袭了西方大学的教育传统。19世纪末20世纪初，早期留学人员回归，带来了西方科学知识的模式，在国内掀起了大规模译介外国典籍和"西学东渐"的浪潮，人们开始熟悉西方科学知识和方法，科学知识类型得到越来越多知识界精英的认同。但在中国，人们对科学知识的认识局限于科学价值和科学结论方面，这与西方有很大差别，西方对科学的理解强调科学的方法、态度和科学的精神，不仅视科学为现成的知识体系，更是探索性的活动。在中国，大学比较注重学生对科学概念、理论、事实、方法的接受和理解，并不重视对学生科学兴趣的培养，或为学生的科学探索、科学实验、科学讨论、科学分析、科学论证等创设条件。课程教学和考试在学校教育中占有非常重要的地位和比重，这或许有一定的历史原因，一方面，我国近现代科学知识体系以及高等教育体系模型都引自国外，缺乏实际的生存土壤和环境条件；另一方面，我国的本土文化较重视传统，尊重知识权威。

从某种意义上讲，西方大学体系在进入中国的过程中，与科学知识相伴的科学方法、科学精神、科学价值追求与探索等反映科学实质内涵的部分恰恰被舍弃了。可以认为，近代中国大学制度的建立是西方大学教育制度与中国古代大学文化结合的产物，在"西学东渐"、新学与旧学之争中发展起来的。时至今日，中国大学外在形式上已越来越难以找到与西方大学的不同，但大学的内在精神、大学的文化仍然受到中国古代大学传统的影响，比如：统一思想、服从权威、尊重权利，政治性、行政性力量超越学术权力，多样包容、质疑与批判的作风受到压抑等。

20世纪80年代中后期以来，我国的大学教育改革提出了一些新思想、新理念，比如"知识传授与能力培养相结合"、"教学与实践相结合"、推进"人文素质教育"和"通识教育"等，但是，大学教育中的科学范式和学科规训，比如课程标准化、育人过程程序化、评价标准可测量化在大学育人活动中已然冗重难拔。这些是中国大学在"移植"西方大学教育模式和传统时带来的深刻影响，形成这一影响的主因是科学知识引入的方式教条且不彻底；大学育人过程刻板且缺乏主体探究的鲜活性；对科学知识的执着信念反映于大学教育目标中；把同社会需要相联系的知识和体系化的客观的学科知识作为教育内容的核心，以科学作为唯一标准指导育人活动，形成了大学特有的育人方式。大学教育改革开始推行素质教育、人文教育、通识教育的理念，但如果大学的育人方式不发生根本转变，大学教育将同时陷入"识"而不"通"的知识功能危机和人的发展危机之中。

二、大学育人传统对人的创新素养发展的影响

(一)产生影响的主要方面

1. 学科

从知识传递和教育教学角度出发,学科即指教学的科目。

中世纪的大学学科从开始的单科发展至后来的神、医、文、法四科,在每一科下又设定了相应的课程。这一时期,已经出现了学科,但并未制度化,学科还处于不断完善和发展阶段。18世纪末叶19世纪初期,正值现代大学制度确立之时,大学的学科制度也随之建立。大学学科制度影响大学的人才培养和科学研究。大学的其他制度安排围绕学科制度而形成。从功能上来讲,大学的学院、系、所等机构都是在学科分化和综合的基础上形成的,是学科发展的结果。克拉克(Clark)曾指出:"主宰学者生活的力量是学科而不是所在院校大学或学院是国家和国际学科的地方分部的汇集。"

在多元学科制度下,教师与学生被分配在大学那些相对独立的学术组织单位里,从事专业性活动,在一定程度上保证了教学活动的自律性和高效性。

2. 课程

课程在中世纪的大学中占据重要地位,尽管与现代大学教育中的分科、分专业设置的课程相比,那时的课程要简单得多,但课程无论在中世纪大学还是在现代大学中的作用和地位却同样是不可动摇的。课程以最直接和最易于传递的方式流动于大学课堂上,流动于人与人之间。

现在许多国家,包括我国的大学基本上都是按照学科分类设置课程,这样,有利于学生获得关于客观世界的完整的知识,在认知过程中形成比较完整的、系统的学科知识结构。"另外,在学科课程之外,还设置了作为补充的实践和实习课程。现代大学的课程设置在中世纪的大学里就开始萌芽,而且对于实用性人才的培养起到了不可低估的作用。

在当代,课程的内涵有所扩大,以适应当前人们对各类知识需求的发展变化。大学在考虑人的能力发展时,也应该按照人的发展需求,对学校的课程进行结构

上的调整、内容上革新和新功能的开发利用，从外部支持学生知识结构的优化，促进学生创新素养的养成与发展。

3. 专业教学人员

中世纪的大学是教师和学生的自由集合，不是固定的组织机构。教师在大学的教学活动中具有活动组织和精神引领的作用。教师的学养、价值观、道德修养、操行、教学风格等无一不是影响学生的"活教材"。后来的大学，仍然尊重和重视教师在教学中的组织、指导和评价的作用，并尽可能地通过诸多途径来规范教师的职业角色。在中世纪大学，只有经过考试获得博士或硕士学位者，才能获准成为大学教师。现代大学，对教师入职资格也有严格的规定，其目的是提高大学的教育教学水平，为学生选择合格的指导者。

事实上，每个教师在教学水平方面都是有差异的，虽然他们追求相同的教育信念和教育理想。教师具有主体性，可以通过各种自觉的努力活动，完成和实现自己的教育理想。教师应该把自己的努力倾注于每个学生的发展上，在育人过程中，教师与学生本就是不可分割的整体，教师身上固有的气质与通过主观努力获得的自我超越形成了一种巨大的场力，使学生折服，获得了内心和自然力的共同成长，因为在他们心中，一开始就把教师看作是他们的榜样。教师在学生的发展中具有不可替代的作用。

4. **教学**

教学其实是一种交流、交往活动。这种交往形式是以学生的能力培养为目的，师生共同参与的交往活动。在教学交往中，突出地表现出教师和学生的主体性。教师要通过自己的行为、思想和语言希望达到打动学生使学生接受的目的；学生试图通过听讲、思考、分析、判断，对教师的表达有所领悟，从而获得某种意义上的启示。

作为教学的延伸，教学交往也能够带给学生各种情感体验。教师对学生的赞赏、关心、说话的语气，对学生的鼓励、包容等都能给学生带来正面的积极影响，消除了学生心中不必要的焦虑、忧郁、惧怕、胆怯、自馁等消极情绪，帮助学生拥有良好的心态，有利于提升学生的动机水平及帮助调节情绪，有利于学生健康人格的养成。

在教学方法上，无论是早期大学的讲授与辩论，还是后世大学采用的习明纳（Seminar）、学科教学等方法，都是从不同的方面增强学生各种能力。学生可以发展的能力很多，每种教学方法都有其所强调和训练的方面，在实际育人过程中，应结合学生的发展需要，采用多元的方法组织教学过程，增强学生诸方面的能力。

5. 考试评价

考试评价与教学紧密相连，如果不通过考试或评价，教学的目标是否达成将无法判定。中世纪的大学就已经有了考核、评价的方式。主要是通过检查指定书目（课程）的选读情况和让学生参加口试。现代大学的学分制源于中世纪大学对指定书目的选读进行检查这一方式。学分制，始于美国，以学分为计量单位，衡量学生学业完成情况，起源于选课制。选课制则首创于18世纪末的德国。这种制度对学生的学习年限不做规定，学生按自己的兴趣、需要选择所开设的各种课程。

考试评价的目的和着眼点是促进学生达到规定的教学内容和目的，但如果仅从达到教学目的的方面考虑，而忽略了学生实际能力的提高，考试评价即失去了其本初的意义。在大学育人过程中，如何制定考试评价的内容、方式等，直接影响学生的学习旨趣，学生实际的学习目标可能会与他最初的兴趣、愿望等相背离，学生在任务驱动下被迫放弃自己的兴趣、爱好，转向任务目标的达成。

任务驱动型活动与积极主动型活动对学生产生的影响是不同的，产生的动力的大小也是不同的。在大学育人过程中，采取怎样的评价方式直接关系到学生内部动力系统的改变。因此，实际所采用的评价方式应该有利于学生积极性的调动。

在大学育人活动中，学科、课程、教师、教学、考试评价等方面在满足人的创新素养发展所需要的支持方面达到了某种程度的契合，分析这些因素对人的创新素养发展的影响，对大学在创新人才培养方面具有重要意义。

6. 校园传统

校园传统是指学校历史地形成的长期在学校育人过程中被承袭下来的对教育活动产生影响作用的方式、制度等，反映学校的品质，包括学校规范、育人成才的方法、教师和学生的治学态度、校园的学术文化环境等。校园传统对学生的影响具体体现在教育指导思想、培养目标和规格、教育方法、教学风格、道德标准、管理评价方式、教师和学生的治学态度、各种教化启迪性的仪式之中。

在学生创新性养成过程中,校园传统中的许多方面都会无形地产生惯性,并且具有深远的影响,构成大学育人活动中能够对人的能力发展和创新性发展产生影响的孕育条件。通常来说,适应学生发展需求,能够为学生提供各种积极影响的育人传统,学生会从中获得愉悦和积极向上的内心体验,以充满耐心的态度和方式对待人和事,思考遇到的现实问题,大学的开放程度、多维的育人观、求实创新、实事求是的治学方式有利于学生创新性的养成。相反,封闭单一的育人方式、没有弹性的管理和评价方式,排斥新异观点的治学方式对学生创新性的发展来说,是极为不利的。

(二)对人的创新素养发展影响的历时变化分析

大学教育为个体提供有用知识并培育人的能力。这里的人的能力发展笼统地包含感知、思维、想象、判断、分析、创造力等相互协调的各种能力。大学对人的创新素养的影响只是对人的能力影响的一个方面,有其特定的内容,在大学发展的不同时期(主要以西方大学发展历史为线索),所产生的影响是历时性变化的。

中世纪前的学园,已承担了相当于大学的功能。在学园,人们能敏锐地把科学和人文的基础性知识在辩论、演讲的过程中提出,学生们的辩论、辩证、语言修辞能力是必须训练的方面,而实践考察却不是那个时期所注重的。因此,学生的问题解决主要停留在哲学思辨层面,而缺少亲身体验,学生的创新表现也多体现于理论、思想方面。虽然亚里士多德(Aristotle)采用研究的方法进行教学,配备图书馆、实验室,鼓励学生亲身实验和经验,但从总体上讲,古希腊、古罗马时期的高等教育更强调学生的修辞和思辨能力,思想和理论上的创新,没有真正地实践研究。

中世纪,真正意义上的大学在各国纷纷建立起来,统观这个时期的大学教育的突出特点主要是：大学一般都设有文、法、神、医四个系科或四个学院；各个大学所设的大学课程体系高度统一，课程除了具有很强的神学性质，也具有实用主义色彩；第三个特点是教学方法以讲授、辩论和大量练习为主。从中世纪大学教育特点不难看出，每个大学设立系科或学院，学生的学习内容有了系别和方向的限制，各有专攻的方向，专业化特点突出。各大学课程体系相同，有利于自由交往和人员流动，教育的地点可以不受限制，学生可以感受不同的学校和教师带来的不同风格。教学方法反映了大学人员的交往形式是以辩论和讲授为主，强调师生能言善辩的语言表述能力和逻辑推理能力。总体来说，中世纪大学毕业生受过专门的知识和能力训练，能胜任专门化的职业工作，但大多数毕业生更多的是保存制度的技师而不是具有革新精神的思想和行动方式的发起人。

文艺复兴时期，欧洲大学传统系科组织及其学术管理体系变化甚微，在大学的文学院引入了人文主义的"新知识"，比如增加了希腊文、诗歌、历史、演讲术、柏拉图哲学等课程，但大学课程中尚没有自然科学的地位。人文主义者包括宗教改革者，极力想摆脱中世纪经院哲学和神学的束缚，将人文气息带入大学，采用更自由、不以传授基本教义为中心的知识形式，将许多专业化的课程统一起来，从整体上为人类的需要服务。但当时欧洲的大部分大学被教会所胁持，在许多方面相当保守，大学中占主导地位的智力活动都是功利性的，教育活动与特定的职业目的相联系，教育体系构建的目的是培养男孩从事神学、法学、医学和公证学等方面的职业。在这种情况下，学生们没有办法脱离保守的、职业取向的大学教育的藩篱和熏染，缺少创造力发展的渠道和条件，大学对学生而言就是熟悉未来职业所需要的知识的训练场，除了课程知识外的灵光一现的假想或推设会随时给自己带来被审判和惩罚的麻烦，学生的思想如被真空包装般毫无变化，甚至大学的国际性也抵消了，大学沦落为为各自国家服务的国内大学，个体作为思想的携带者，其观点和想法没有办法在更大空间里散播和流动，更何况，教会死死地拴住着个人的精神活动。事实上，这个时期是人们思想大爆炸的前夜，人的强大的内在力量不会被压抑得太久，终会在适当的时候爆发。当社会发展需要人们对客观世界进行具有积极意义的实践改造时，便是人们的思想解放之时。

工业革命以来,世界正上演着以技术改变人类生活方方面面的撞人眼目的大变革,一改19世纪中叶前大学教育那种远离人类生产劳动,纯属宗教与政治等意识形态范畴形式,不具生产职能的旧貌。工业革命以来,大学逐渐成为科学技术的创新基地,大学的功能扩大了,科学研究、社会服务成为继教学功能后的另两种重要功能。随着科学技术的进一步发展,新知识、新科学、新专业不断涌现,大学教育的新目标越来越倾向于使人获得思考的方法、技巧和能力,而不仅仅是知识本身的学习和积累。科学技术知识的融入致使大学教育在经历了专业化阶段后,将会走向整体综合化。大学学科、课程的综合化成为当今世界各国高等教育改革的一个目标。可以说,工业革命给人的创造和创新提出了要求,也提供了平台,有了这样一种社会发展力量的驱动,大学坚决地进入科学研究和科学实验的大潮中,成为知识经济社会的中流砥柱。大学教育的科学化转向,使大学在价值取向和教育内容等方面也发生了极大转变,强调科学教育而贬低甚至压制人文教育。现代大学教育正是因为在适应眼前的现实需要中,渐渐远离了"人",大学教育重视的是"经济人""政治人""工具人"而不是"完整的人"和"全面发展的人"。新兴的科学知识与技术成为大学教育的主要内容,学生机械地拷贝科学技术知识,掌握了科学知识,掌握了科学的方法,但是学生对事物的体验、对事物的兴趣、对事物的理解和认知体验、对自我认识的判断和现实的批判却没有了,而这些却正是激发人的创新素养发展的重要方面。缺少了这些,来自人的主体性的力量没有了,人的发展只是科学知识的不断累加和社会对这种累加值的不断肯定,人的创造的积极性、主动性会被不断膨胀的科学知识和技术所击垮,即使社会为人提供了创新实践的舞台,但不见得会有令人欣慰的结果,因为,代表着人的灵性的真正的精神动力部分淡化了,而客观的物的存在在人身上更明显,恰如一台工作中的机器,除了按照机器的工作原理工作,不会富有激情和创造性地实现新价值。

中国的近现代高等教育从某种意义上说是西方的舶来品。随着中国传统的高等教育形式的萎缩以及西方大学教育思想和实践的输入,并与中国传统文化相融合,就出现了近代大学,在这个基础上中国现代大学发展起来。今天,中国的大学教育同其他国家的大学教育面临着同样的具有时代性的课题，即大学怎样进行内外部调适，为人的知识学习、认知能力提高、创新思维养成、人格品质发展提供良好的支持，以实现人的真正的全面发展。

第四章　大学生教育与创新素养发展关系理论框架

第一节　解读大学教育的理论工具：组织、规训、话语

伴随着大学的发展，大学的育人功能与社会功能日益彰显，大学之所以能够作为一种社会组织参与社会资源的使用、改造与配置，与其制度化发展历程存在着一定的关系。一方面是人们在认识世界和自我社会调适及发展中对知识的依托，另一方面是大学拥有独特的知识资源（包括人才培养），知识资源是大学组织内部重要的循环代谢系统，也是与社会之间进行能量交换与转化的基础，在大学组织与外界的各种制约因素博弈过程及其内部运行轨迹逐渐清晰之时，大学内部的运行亦即走向自觉，除了获得学术发展方面的声威之外，大学作为真正有教育与孕化功能的实体，也同样有支持这一系统运行的规程与规则，比如学科制度（亦称学科规训），以及与学科规训相联系的课程设置与标准、学科评价及学科奖惩制度等。以上我们是站在大学组织功能外显的角度来讨论的，但另一方面大学教育是过程性的也是以学生为中心的，大学教育对学生的影响作用除了体现在以学科教学为主的大学组织化生活中，也在大学的文化生活与人际交往生活中反映出来。大学的文化生活与人际交往生活是大学生在大学阶段在组织化学习活动以外所展开的全方位的综合活动形式，包括政治参与、人际交往活动、课余休闲活动、文化娱乐活动等，其充分体现着大学生的主体性地位及其个性特征。在大学教育过程中，不可避免地有多种因素被包含其中，并在大学发展过程中，逐渐地积淀下来，形成具有现实或潜隐规训作用的制度或规约，而这些制度或规约以其

特有的方式制约大学教育的方方面面，学生的发展也受其浸染。组织、规训、话语在理论上为人们解读、考察大学教育提供了可解释性的基本线索而受到关注。

一、组织：规定了大学教育的形态

（一）对组织的理论阐释

组织是社会有机系统中的基本单位，组织由多种资源构成，具有明确的目标和独特的组织结构，通过以人为核心的组织活动协调、管理组织内部环境，并同时与外部环境保持联系。组织使社会秩序的有效维持和社会效益的实现成为可能。大学作为社会系统中的一个组织单位，也具有独属于其维持它的内部运行、协调它的内部环境及其与外部相联系的独特方式与基本形态。大学组织可以看作是寻求具体目标并且结构形式化程度较高的学术结构集合体。其目标是为了知识与学问而存在，形式化使得大学组织和个人的行为变得更为确定，使参与者或观察者能够描绘其社会结构以及运作流程，包括责任分工的设计与修订信息或物质的流转，或是参与者之间互动的方法。

组织理论从内部对大学教育系统进行了可解释性的分析，通过对大学组织的分析，使人们能够了解到大学中的人实际在做什么、在怎样做。当人们站在组织的视角，把大学教育作为一种有组织的系统来分析时，人们会发现，知识是包含于大学教育活动中的主要方面。而知识在大学中有其特有的表现形式，即学科，大学组织就是以学科为基础建立起来的。对于整个大学组织来说，学科不仅仅把大学组织划分成一个个不同的学院、不同的科系，另外还有为学科的发展提供保障的管理系统和职能部门。按照对学科所承担任务的不同，被分为以知识创造为目的的研究活动，以知识传授为目的的教学活动和为大学的研究活动与教学活动提供职能保障的管理活动。普遍来说，大学组织结构由处于不同层次的三个部分构成，三个部分分别是：底层结构（以学科为主的层次）、中层结构（指院或系科这一层）、上层结构（指学校系统这一层）。三个层次结构各自的职能、任务、目标都有所不同。其中学生的活动多在底层结构和中层结构中，并以底层结构为主。学生的活动也主要与学科相关。大学教育中更佳的端点是底层，底层是包含了广泛大学学术内涵的更佳的端点。

在大学组织中，人们观察到了以下事实：在底层的教学和研究活动是真正推动知识发展的活动，是对学生进行影响的活动；知识在这些活动中是被划分成许多相互紧密联系但却独立的专业；对知识的专业划分促成系科这样的工作单位结构形成，教学组织、课程组织、学业评价都在这里进行。

（二）大学的组织化生活

大学组织化生活既包括认识过程也包括实践过程，教师和学生同为这一过程的主体，知识是这一过程的客体。学生和教师主体认识改造知识客体需要借助某些中介作为条件来进行，比如要通过体系化的课程设置、课程安排、教学方式方法、教学管理、技术路径、教学环境等支持性因素来进行。可以说，教师、学生、知识、各种教育支持因素从不同方面影响着整个大学的组织化生活。大学组织化生活是学生主体性活动，学生的认知能力已达到相当水平，有较强的学习自主性，但是学生仍然需要教师的指导和帮助，需要教育中介和教育环境的支持才能进行知识的有效学习和自我能力发展水平的调整，因为学生个体不具备对复杂知识体系和认知环境体系的掌控和协调能力。大学为学生提供的知识类型、学生的认知方式对其能力发展有着极大影响，就认知方式来说，认知既是对大学教育发生作用的基础元素，也是大学教育的一种结果。与认知有关的情感、实践活动、交往活动、教育手段等方面也对大学学习生活产生重大影响。首先，情感对人的认识过程起着激发、推动、维持作用。实践活动可以帮助学生加深对抽象理论的感性认识，在与客观实在发生关系的过程中，形成自己的体验，养成一定的情感态度，获得对事物的认识、判断、领悟。主体在大学组织化生活中的交往对学生创新动机和实践能力的加强具有重要价值，因为大学生活是建立在交往基础上的。大学生活的过程安排一方面反映知识的表现形式和对人的影响方式，另一方面反映教师专业培养和教学实践活动对学生影响的实际过程。当然，除了受到构成大学学习生活条件因素的影响外，大学的科研水平、管理水平、校园环境等因素对大学生的认识与实践活动有积极的保障作用。

总体来说，在大学的组织化生活中，各因素之间相互制约，这些因素之间的交叉及其组合关系形成了大学学习生活特有的机制和影响方式，实现着对人的发展的影响。

客观方面：首先，大学的组织化生活的内容较宽泛，一般由相互联系的学科教学活动、专门的科学研究活动、专门的管理活动构成。但每一种活动都有其区别于他者的特点、方式、过程和规律等，每一种活动都指向特定的目的，对应于相应的功能，具有不同的活动主体。科学研究活动是相关的研究人员对客观世界的探索认识活动，其目的是发现和发展未知世界和未知领域，推进对客观世界的整体认识，这一活动的固定主体是教学科研人员；学校管理活动属手段性的协助活动，目的是为了协调组织中的人际关系、事务性关系和教育活动关系，保持组织内部各有效力量的正常发挥和运作，其主体是学校的专职管理人员和具体事务负责执行人员；大学学科教学活动的目的是提高学生的认识能力和实践能力，实现学生的身心发展，其关键主体是学生。通过比较可以看出，大学学科教学活动与人的发展最为直接和紧密，分析大学组织化生活中的学科教学活动各个部分、形式、过程本质可以帮助我们从更贴近现实的角度来分析学生的创新素养发展状况。

主观方面：按照人们的一般认识习惯，人们总是倾向于从与认识或研究对象关系最直接、最紧密、能提供更多信息和线索，而且是人们最熟悉的事物或事物的某一方面入手，开始他们的研究工作。当人们要对大学教育的全过程、全部内容、所包含的全部关系、结构的构成方式及其功能机制做分析和描述时，有必要将交融在"大学教育"范畴下的具体的活动内容充分展开，并作为进一步细化研究、分析的节点。以大学组织化生活为研究端始，通过对构成大学组织化生活的核心元素的分析来了解在大学教育情境中人的创新素养发展状况，能够获得相对精确的信息，通过有效分析，可以达到理想的认识结果。

二、学科：大学教育的中介

（一）对学科的理论阐释

大学育人过程中，有一种将知识与人的发展目标和需求联系起来的中介，这一中介体现为拉动大学教育活动进行的序列程序，大学中的育人活动就是在这种安排了人、知识、制度等因素的特定程序中开始、进行和完成的，尽管人的内在心智发展状态不具确定性，是不断发展变化的，但是围绕人的发展所进行的学校教育的外在影响活动却是按照一定方式对人施加影响效力的。

在大学，从高深学问的教与学等知识现象中，人们可以找到这一中介——学科规训。它既是知识本身，又是对知识的分类；既是知识本身的形式，又是对人进行规范、训练和陶冶的范式；它既用知识培养人，又通过培养人发展知识。在英文、法文和德文中都有表示"学科规训"的词"discipline"。"discipline"源于拉丁文的"disciplina"，意为知识、教导、纪律和习惯'学科规训"内涵复杂，包含学科、规训、建制等多层内涵。米歇尔·福柯最先使人们认识到"discipline"在"学科"之外具有"控制"的含义，它反映知识与权力结合规训人们的行为。沿此线索，华勒斯坦等人研究了大学里与知识、权力相关的"学科规训"现象，指出：在大学里"学科规训"是制度化的，知识与权力的中介是教育实践方式。纵观历史上对"学科规训"内涵的解释，一个综合的认识是"学科规训"是一种知识分类的规则和学科分立的制度，是知识生产的制度；是一种建立在现代知识体系之上的学校教育制度；是一种教育实践活动。

学科规训理论在微观层面，将知识按学科划分归类，按学科的发展要求，确定研究对象、知识域以及保证学科体系完善、发展的各种手段、规则。由此，学习研究者也在学科规训的驯化过程中被学科所区别开来，用属于自己的学科专用语言、思考方式、讨论方式、规训方式来彼此交流、沟通，甚至相互批判。这种理论以更精细、更确定、更有利于知识传播的方式规定了人的发展方式，包括这种方式所反映出的人的创新能力的发展状况。在这里，将被用来解释大学教育中学科、教学训练、评价等对学生创新能力发展影响的基础和过程。

(二)学科在大学组织化生活中的作用

1. 学科层面：学科分类、学科建制、学科文化

学科规训在大学教育实践中有具体体现，即指以专业为基础的教学。分科教育是大学学科规训的显著表现之一。从中世纪大学产生时，就出现了分科教育的传统，在大学内部，首先根据处于不同地位的知识，组建不同学院，一般是神、医、文、法四个学院，伴随着知识领域的扩大，以及知识内在逻辑划分、管理与传播的需要，并按照各自适用的范围与特点，知识相应地被区分出来，形成不同的大类，并在大学及社会范围被广泛采用，于是逐渐发展形成了今天的学科类别（宏观层面：自然科学与人文学社会科学；中观层面：文、史、哲、理、工、农、商、管、医、经、法、教；微观层面：生物、化学、物理等）。大学中的教学则按照学科类别分科组织实施，更具体意义上的专业教学（具有职业导向）贯穿于诸如招生、培养、学业评价、就业等相互衔接的培养程序和环节中。以我国大学为例，学校招生按学科类别分科录取，学校将依托学科或学科群对进校学生进行培养，并依据专业标准对学生进行考试评价，学生就业也是按照专业类别进入就业市场进行分流。大学教学活动沿袭了中世纪大学学科规训传统以及遵循现代知识分类基础上的分科教育规定，是学科规训外显过程中形成的系列实践活动，大学的培养目标、教学内容、教学活动组织以及大学的组织建制等方面都是按分科教学的方式进行的。

学科规训在大学中的影响程度伴随大学社会职能的不断丰富与发展也进一步加强，在新的复杂交错的知识背景下，学科规训依然是能够使大学的教育活动继续顺利延续的内部力量。首先，从大学中知识的传输过程来看，作为教学材料的高深知识呈现出学科性归属与专业性分布，被知识所吸引的师生按照知识的枝丫脉络归于众多不同的学科门类，按照专业汇集到学部、系、讲座等组织里。大学教学活动在这一背景下以专业作为基本组织单元，在全国性专业设置、学校专业教学计划、学校专业教学系设置基础上，采用专业教学组织形式凸显专业性教学内容，大学教学活动置身专业教学中。其次，从大学的学科建制，即站在学科确立与发展的角度来看，无论是大学中的讲座、开设的学科课程、严格的学位制度、

独立学科的学术组织、专业学术期刊还是按学科分类收藏的图书资源等方面各自以一定的方式给不同学科的师生在专业探索上给予协助。可以说,作为学科规训组成部分的学科建制在大学里对学科的继承者和发展者的影响是显而易见的。事实上,一个重要的原因就是学科发展需要以专业组织为载体,以专门的研究期刊为阵地,以学术共同体的交流对话为根本工作方式,从而实现其提升与发展。学科建制始于17—18世纪间,那时各国成立了科学学会或学院,这些组织的科学活动"可算作是建制化,却非专业化"的,"这些学会充当了知识把门人的角色,并开始发展能够规范组织知识的出版技术和策略"。而学科建制的真正形成与成熟则是在19世纪,其标志是伴随以德国柏林大学为首的研究大学的创建,"各个科学学科的专业标准同时建立起来"。这些新大学一方面"为科学家提供就业和经济保障,鼓励他们以自己的专业而不是以整个科学家群体来互相认同","使知识生产专业化","依赖各种形式的专业组织来联结地域上各自分散的学者";而另一方面,这些新大学"依照学科来设置专业与课程,设置考核评价标准,形成完整的教育制度以规训新人"。精确化、实证化、实用化和控制化的思维方式、原则逐渐在学科发展中显现出来。学科建制是学科规训的又一组成部分,它反映了各个学科对各自的准入人员的认同、评价标准及方式,而这一规训又影响到学者在大学中的教学活动,即学生在教学活动中不可避免地以学科的名义和标准受到考核和审查。当然,在这里学科不仅仅指普遍的真理和方法,亦指控制和规训。大学教学中的课程仅仅是学科知识的一部分,是学科知识的教育形态,而学科涵盖专业化知识的全部内容,是专门化知识的学术形态。由此可见,大学开设的课程与学科直接相关,同时兼顾学生的认知水平和可接受程度,是学科规训的结果。最后,从学科文化的影响来看,它更能将学科中最高质、最深刻的部分毫无区分地为拥有它的人所享有,正如伯顿·克拉克(BurtonR.Clark)所说,每一个学科都有一种知识传统,即思想范畴和相应的行为准则……刚刚进入不同学术专业的人,实际是进入了不同的文化宫,在那里,他们分享有关理论、方法论、技术和问题的信念。与学科在大学中的确立和学科发展所依托的外在制度相比,学科内部的价值概念和学术信念的内化过程则更有意义,这个意义就是人们从中获得了学术的自觉与自律"大学的教学、研究等基本学术活动由学科及专业来划分和联系",每一学科领域拥有其特有的思想范畴、研究方法、评价标准,每一学科成员具有独特生活方式、行为准则,并在学科范围内分享,同一学科或专业领域的人们逐渐建立了一套共同认可的研究方法、技术及专门术语体系,"其最终结果是各学科或各专业领域形成各自的符号系统",尽管如此,在更大的科学共同体中,不同的学科则分享共同的学术规范,"大学学科文化以独特的方式影响着大学的学术活动、教学活动"。一般来讲,大学教师已具有一定的学科背景,大学生也正在取得学科背景,他们都在经历学科规训。学科文化潜在地影响着师生的学科忠诚、价值规范、科学信仰与行为方式,也在师生的交往建构中变得丰富。

2. 学校层面:学生学业评价与奖惩

以学科的形成及发展为框架和前提的大学教育,其教育的目的终归是实现人的发展,只是在人的发展过程中需要各种性状的因素、手段、条件等,且这些方面并非是杂乱无序,它们各自之间按照未来既定的目的或目标被划定在某一结构模型中,形成影响人的心身质变的主动力量,大学教育的客观影响力不能不说与学科及学科制度被纳入大学教育体系有一定的关系。人们明白其中的一点,即人对世界的无知状态是人的发展的起始状态,知识则是改变人的这种无知状态的破冰石,知识在大学合法化的过程中所体现出的各种制度规约是被实现目标的效率所选择的结果。因此,在大学高深学问的教与学等知识现象中,一切反映人与知识认知、知识创新、知识发展关系以及知识对人进行规范、训练和陶冶的事件、活动、范式,人们使用了一个中介概念——学科规训——来表示。人的发展目标及知识的发展不断精细化,学科规训的内涵亦在提升,学科规训能够为大学教育中的学科培养制度、学科评价与奖惩制度及知识行动者群体的职业伦理体系等提供解释框架。这一点在以上论述中有所反映。人们所熟悉的学科评价与奖惩制度在学校的实际教学中是如何反映出来的,有怎样的表现方式,了解这些方面对研究的深入极其必要。

在大学教学实践中,学科评价具体指教学过程评价和教学效果评价两方面,教学过程评价是对学科教学人员的评价,包括对教学人员备课、讲课、作业及辅导的情况的评价；教学效果评价是针对学生群体对知识、技能掌握及其能力发展情况做出的评价。教学过程和教学效果两方面的评价都是以具体的学科要求和教学目标为其依据，利用可行评价手段，反馈教学信息，强化学科教学，考察、鉴别学科教学的质量、优缺点和问题，并考察、鉴别学生的学业状况和发展水平以及学习本学科的潜能，为国家选拔、分配和使用人才提供信息。对教学过程的评价方法和对教学效果评价的方法是不同的：教学过程评价检测教师的教学情况和教学目标完成情况，采用同行、领导、专家听课以及征求学生意见的方式；教学结果评价检测学生的学科学习情况，检测学生的知识、技能和能力发展水平，采用学科测验（考试、设计、书写、操作）的方法。进行学科评价有其现实的意义，即对学科人才培养的实际水平给出可实际测度的客观结论信息，通过学科评价，来评判学生是否达到了学科的要求，获得了发展，评判学科教学是否加强了学科系统，推进了学科发展。因此，在谈到大学教育对学生的影响时，学科或学业评价是重要方面之一。

与学科评价相关的另一个影响学生发展的因素是学科奖惩。有评价就会有相应的评价结果，也会有对评价结果的回应，即奖惩。国内大学对大学生学业表现的奖励一般包括有奖学金评定、三好学生评定、优秀学生干部评定、入党人选评定、推免研究生人员评定、优秀毕业生评定、毕业留校人员推选等，而相应的惩罚形式一般有通报批评、记过、记大过、留校察看、开除学籍等。在大学教育中，对学生具有普遍和深刻影响的是奖励机制。除了以上所谈及的对学生的常设奖励项目外，对学生其他素质方面的优异表现，学校也设立奖励标准进行奖励。比如设立道德奖、创业奖、文体活动奖、科技突出表现奖等，这些奖项是专设的并非常设，其对学生的吸引力与影响度都不及常设奖励项目。大学的学科奖励也有两种，针对专业学术人员和针对学生，是伴生学科评价的一种学科制度。大学中学科奖励的依据是学科发展的要求及教育培养目标。对于学校来讲，设立奖励机制，其产生的实际结果在于证明学校的学科人才培养是按照学科的要求和培养的目标进行的，其中一部分学生的学业表现突出，而且这种评价奖励措施强化所有的学生都遵守学科所规定的基本要求，鼓励学生上进。对学生而言，达到学科所规定的基本要求,是获得专业背景的基本条件,是接受大学教育的标准,达到学科规定的基本要求,成为学生形成专业自觉的准则。尽管在学科教学过程中,是按学生的心智发展特点和学生的个体特征安排教学框架、调整教学内容,可是在由教师执行的学科教学活动正式进行之前,已然完成了知识与学生之间的衔接,知识不是杂乱而不确定的,人对知识的认知是结构严谨而有序的,这是学科规训的结果。为了实现知识的有效传播与发展,结合人的认知特点及学科发展的内在逻辑,学科制度在此基础上逐渐形成,指导大学的教育教学及人才培养活动。如果超越学科,从社会的角度来说,学科帮助人们完成了对知识最有效的认识,并延续了社会持续发展的源生动力。当社会的发展更加精密和快速时,社会对这种原生动力的需求则愈加强烈,那么对人才培养活动的干预程度亦即加深。在大学里,人才培养目标、学生学业评价、学科发展的走向等不同程度地反映了社会的需求意愿。在人群中形成了反映当前历史阶段社会主流价值的社会话语,这些方面是人的发展和学科发展遇到的新境况。具有社会特性的话语成为大学生活中影响大学生创新素养发展的另一代表性因素。

三、话语：大学人际交往生活与文化生活中的无形之手

（一）对话语的理论阐释：符号互动论的视角

大学生如何在大学生活中合理地安排其日常生活,通常与哪些人交往,做哪些事情,有哪些情境、话语、想法影响或改变了他们,有哪些事件引起了他（她）们情感的波动或共鸣,他（她）们会如何安排今后的生活等诸如此类的问题,只要去观察和了解,每个问题都会有答案,但为什么会有这么多不同的问题和现象让我们感兴趣,是什么使性格特征各异的个体在不同的社会生活情境中吸引他人、被他人吸引,实现话语表达、信息传递与交换,并在交互的对象之间进行话语意义的建构、反馈、重构。某一群体中或整个社会中的情境是历史的、变化的,但个体之间建立在话语意义分析基础上的交往,无论是直接的还是间接的,则是个人与社会发生联系的必然。与人的社会交往活动相关的现象和问题,符号互动论则在理论层面给我们更多的启示。

符号互动论（SymbOIiCInteractionism）以美国社会心理学家乔治·赫伯特·米德（Mead, GeorgeHerbert）为奠基人。在米德那里，"人际互动""表义符号""客我"是使人这种生命有机体在社会生活中获得社会意义的关键词。首先，人际互动是人的社会活动的基本方式，生活在某一社会群体中的个体之间在互动的社会活动情境中相互参照，调整举止行为。也就是说，在交往互动中任何一方所传递的某些方面对另一方而言将变成某种刺激，并针对这些刺激调整自己，而这种调整接下来又变成对前者的刺激，使他改变自己的活动并进行另一种活动。人们经验范围内的所有事物由各种意义符号代表，人们所共享的意义符号，成为社会个体之间进行有意义交往的中介，这种有意义交往就体现在它将人的一系列认识态度在统一理解的基础上几乎分毫无差地反馈给交往对象，引起对方的反省、态度的变化、认识的转变和行为的调整，且这种情况对应于互动双方。人的社会意义的获得是循序渐进的，是在社会交往和与他人的互动过程中通过解读表明他人态度的意义符号，对自我行为不断修正的基础上获得的。人属于某种社会结构和社会秩序，个体自我的发展、个体在自我经验基础上的自我意识发展，与他所从属的社会群体是密不可分的。第二个关键词"表意符号"在米德的理论中有特定的解释。符号是指所有能代表人的某种意义的事物，包括非言辞的姿势、非言辞的交流、言辞的交流（语言、文字）。一个事物之所以成为符号是因为人们赋予了它某种意义，而这种意义是大家公认的。表意符号可以实现人们之间的复杂交往。人们之间的互动是以各种各样的符号为中介进行的，借助符号人们可以理解他人的行为，也可以借此评估自己的行为对他人的影响。在米德理论中，符号是社会生活的基础，人们必须通过符号进行互动。第三个关键词"客我"是米德（Mead）沿用了詹姆斯（James）提出的两个概念"主格的我"与"宾格的我"，前者指个体的冲动倾向，后者则代表行动完成后所获得的自我形象。依据此对概念，米德把自我分成两部分，即"主我"与"客我"，"主我"是个体对他人态度的无组织的反应，即行动的自发意向或冲动，"客我"指从局外人的视角出发，个人自我反思对他人有组织的态度，即个人已经从他人那里学到的有关自身的看法或观点，它指导着社会化个人的行为，自我的这种性质将他人的影响引进个人意识之中。个体既发挥着能动性，也受到他人态度和期望的影响。总之，在米德的符号互动理论中，充分表达了人的自我发展与社会互动维度、符号维度密切相关，即个人采纳他人的态度，依赖具有共享意义的符号进行反思，达到自我社会化的成功转变。符号互动理论对于研究大学生活中大学生群体的社会交往形态及由此带来的学生意识、态度、品格、行为变化的影响中介——社会话语体系具有指导意义。

（二）话语在大学非组织化生活中的作用

如果仅考虑育人功能，大学的组织化生活与大学的非组织化生活之间没有严格的区分和界限，都是通过实践交往活动帮助学生构建知识体系，训练他们的日常思维，使他们获得思想道德成长及各种实践能力和内在素质的发展。但如果考虑对人的影响方式，则大学的组织化生活与大学的非组织化生活各有侧重。大学非组织化生活主要指大学的人际交往生活和大学文化生活。大学组织化生活指在大学教育中，教育者和受教育者共同参与，有目的、有计划地运用教育影响，采用各种影响人的教育方式、方法及手段实现教育目的的行为、方式的总称，是一种引导或促进受教育者身心向预期教育目标转化的目的性行为的总和。大学组织化生活强调目的性、计划性和各种教育影响力量的协调性，是大学在其发展变迁过程中沿袭下来的具有强大影响作用的育人传统，体现校方在大学育人活动过程中的组织、领导作用，并受到相关职能部门的评估与监督；大学非组织化生活指在大学阶段大学生在正式的学习活动之外所展开的全方位的综合活动形式与活动状况，包括政治参与、课外学习活动、交往活动、课余休闲活动等，强调活动的过程、形式、结果与主体参与性。相比大学组织化生活，大学的非组织化生活的时空走向更加灵活和开阔，内容更加丰富，形式也非常多样、自由，大学非组织化生活综合、直接地反映学生的发展状态及其特征，这是因为活跃于大学日常交往与实践中的是大学生群体，大学生处于自我意识、求知欲及心理发展的萌动时期，大学非组织化生活反映大学生这一特定群体的日常交往、实践等活动状态，在这里制度和一切评价考核不再占据核心地位，而文化、环境以及学生的自然交往行为成为主要方面。大学非组织化生活反映在知识学习之外的活动中，了解了与学生的人际交往和文化生活相关的大学非组织化生活的主要内容、特征，可以帮助人们发现大学生成长和社会化过程中引起学生变化的重要影响因素。

实际情况是，大学教育对人的影响作用同时表现于大学的组织化生活与非组织化生活之中，二者是相互结合的整体，无法割裂。在这里，为了分析的需要，故将二者分开来讨论，以通过现象学的方法，找到合理的理论线索，梳理出反映大学教育对学生创新素养养成影响情况的考察内容，通过社会学的研究方法——访谈法、参与观察法、话语内容分析法、问卷调查法等——对大学教育的实际情况进行考察和分析。

大学非组织化生活对学生的影响主要在大学生日常交往的互动过程中体现出来，同时也与大学生活资源的多样性有关。

大学生群体自我意识和认知欲望比较强烈，正在经历学习和汲取社会经验、各种思想技能的特殊时期，他们对未知事物是不设防和开放的，他们的大部分时间、精力基本投注于知识的学习和与知识的学习有关的其他活动之中，包括各种实践认识活动、交往活动、休闲活动等。大学生利用身边的现实场景与各种表演发挥的舞台，通过多种渠道和方式积累经验、收集各种信息等；在大学的文化背景下及日常的认识与交往过程中，表露自我的态度、意愿，形成自我认同的价值观和道德观，并随时代和社会的前进不断超越与创新。

教育和研究资源、校园网络、校园文化都是大学生交往实践中的重要资源。首先，教育活动的组织者——具有不同专业兴趣的教师是大学教育中的珍贵资源。除此之外，由教师或教授组织的各类研究和与学生共同分享的各种已问世的研究成果等也是大学独有的资源。另外，大学的教室、图书馆、实验室、活动中心、网络中心、体育场馆等场所也是大学为学生提供的重要资源，这些场所是大学构成中不可缺少的硬件设施，是大学生接受有效培养和训练的必要条件。教室、图书馆、实验室、网络中心是学生进行学习和科研活动的重要场所，学生需要借助这些场所提供的各类资源完成自己学习目标和探索计划。设施完备、项目齐全的大学生活动中心、体育场馆、健身中心等则为学生提供了休闲、健身、娱乐、交往的条件。其次，在大部分大学，校园网络已连通于学生所能到达的任何地方，图书馆、教室、宿舍、食堂、大学生活动中心、学术吧、咖啡吧等随处都有网络可用，为学生提供了便利的网络资源，营造了一个随时获取信息和进行交流的网络环境。优质的电子网络资源对于学生信息量的扩大、信息的获取与检索以及与国内外大学之间进行资源共享都提供了便利。大学在这方面的投入是非常可观的，因为优质的电子网络资源是进行学术活动和培育学生学术探究兴趣的重要条件。网络成为学生学习和生活的重要方面，学生通过网络不仅可以进行与学术有关的各种活动，还可以通过网络构建自己的"话语体系"，比如 BBS、人人网、MSN、QQ 群等都是以学生为主力军的交流平台。另外一个资源就是校园文化。校园文化指学校师生的课外文化活动、校园精神以及培育这种精神所需要的文化环境的总和，即指除教学、科研以外的一切文化活动、文化交流、文化设施以及由此而产生的思想文化成果等。在这个系统中，学生是校园文化的主体，学生是校园中人数最多、思维最活跃、最富活力的群体，校园文化对学生的影响作用也最为深远。大学校园文化对大学生的精神气质、人文素养及行为举止等具有规范和导向作用。校园文化对大学生的影响超出了学校常规教育程序范围，它对充实大学生生活、调适大学生心理、引导大学生行为选择等有着重要作用。校园文化在学生的日常生活和交往中反映出来，校园文化中的优良校风引导着大学生在日常生活与交往中的活动方向；校园文化通过熏陶、激励、引导、协调、约束等方式，直接教诲或潜移默化地作用于大学生群体和个体；运用模仿、暗示、认同、从众等心理机制，将校园文化中的精髓内化为学生人格中的组成部分，为达到人才培养目标起到助推作用。校园文化具有鲜明的现代教育特征和大学生群体特征，从而才能够对特定时期的特定学生群体产生深刻稳定或潜移默化的影响，大学生活离不开校园文化的引导，也无法摆脱校园文化的影响，校园文化独具魅力，为学生的成长营造出一种学习氛围和成长空间。

三、大学人际交往与文化生活中的话语体系

大学生活是特定社会成员（大学生群体）在特定的社会场所（大学校园）的

一切与人的生存、生活目的及需要相联系的社会活动、交往情境的集合体。在这个社会性的以大学生为代表的小群体情境中，在他们的活动、交往、情感互动中会流露出以文化为预设，以个体间的交往互动为生成过程的具有集体个性的话语体系。大学生是大学教育的主体，在大学日常生活中，与这一主体具有社会联系的常涉对象是他们的同伴、老师与父母，某些社会职业团体也有部分介入。大学日常生活中的交往方式除了面对面接触的日常交往，还有借助媒体网络进行的网络交往。

大学生活中融合了大学生进入社会前社会角色预演的机会以及社会各种文化价值的公共观点。可以说关于文化的、思想的、道德的、科技的、政治的、行业团体的甚至是来自家庭的代际传承影响都将与大学生活中的学生个体发生碰撞，在他（她）们的内心深处留下印记，对他（她）们正在形成的人格带来社会认知经验。大学生活中的这些复杂影响因素对学生个体的影响是随机的、无目的的，这些因素不是结构性的同时作用于所有的学生个体，有些因素对某些个体产生影响，而某些个体则不会有机会受到某些因素的影响，或是受到其中的某个或某些因素的影响深刻。大学日常生活能够对个体产生显而易见影响的原因，除了已经说过的交往互动、他人映射、交往实践情境因素之外，另一重要原因是包含价值判断和价值倾向的已经存在于大学生群体中的话语体系在人的主观意识活动过程中的优先权。

按照新华字典》的释义，话语被认为是特定共同体中社会关系和社会存在的呈现。"话语"概念强调语境、言说者的身份及话语立场，隐含着不同话语之间的话语权之争。"话语"作为建构事物或现实的"一套意义、表征或陈述系统"，其功能类似于库恩所说的"是一个社会的主流话语，可理解为是一个社会的"文化共识"。话语是构成社会文化的活动因素之一。话语折射和反映说话者的社会权力和地位，具有明显的社会的、历史的、文化的维度。在这里，"话语"具有作为社会存在意义上的对社会群体的客观约束力和影响力，"话语"存在于大学校园中，以其特定的内涵和形式表达已约定俗成的标准及与"话语"相关者身份相符的话语立场。

大学作为组成社会系统的一个单元，体现一定的社会性，在大学教育中存在一种话语体系。话语一旦产生，即刻就受到若干程序的筛选、组织、控制和分配。在大学校园里，会形成影响其中的各行为主体活动的潜在模式、秩序，即话语系统。话语内生于特定共同体中，在功能上具有潜在的牵制与约束作用。大学生群体中也存在与他（她）们的生活、学习、交往及社会活动的方式相对应的话语体系，它在情感和思想层面上对人产生规约。尽管它是一种表面上无行为人控制的隐蔽系统，但它反映社会中的真实权力，它隐藏于制度、知识、理性之中。大学教育情境中的话语体系对大学生所产生的影响力，在大学生与教师、大学生与同伴、大学生与家长、大学生与网络媒体的互动中体现出来。

1. 师生间交往的话语体系

师生交往中，教师一方是知识、学术的代言人，是道德品行的示范者，与学生的交流多与道德修养、学习成才等内容相关，且以引导者和师长的身份出现在交往活动中。作为学生向导的教师对于学生的学习生活、日常生活以及今后的职业生涯的选择与发展都会给予明了的、客观的、有意义的指导、评价、建议。在学生眼中，教师的见地、教师的评价、教师的意见代表权威，具有前瞻性，反映社会发展的动向。教师的话语、教师比较系统和高位的评价会带来大学生价值观的建立、调整，并使学生对自己的行为做出调整。在师生交往中，话语体系建立在价值、理想、道德及学习等话题的基础上，大学生在交往中学会了对非个人规则和权威的遵从，在交往中表现出合作性和独立性。

2. 同伴间交往的话语体系

大学生同伴之间的交往是指大学生这一特定群体之间的交往，这一群体在交往过程中建立了符合其群体角色的话语体系，比如与学业相关、与成长有关、与情感有关、与群体归属和认同有关。群体交往中形成的话语体系对其中的学生个体在意识观念及行为方式上都会有控制和调节作用。在大学生群体中，同伴之间相互交往是具有主体性意义的活动，他（她）们彼此交流思想、传达信息、表达感情、建立关系、了解他人、认识自我，并在这一系列的互动行为中形成了大学生群体中主流的话语立场、话语范式，即大学生群体相互间交往的话语体系。这一话语体系具有一般的抽象意义，代表当下这一历史时期，大学生群体中主流的价值体系、价值观念，并通过话语立场、话语范式集中体现，对大学生群体中的每一成员具有社会存在意义上的客观约束力和影响力。

对大学生群体来说，他（她）们具有相似的群体特征，他（她）们年龄相仿，处于相同的发展阶段，在社会中的地位几近相同。大学生之间交流的话题广泛，交流的时间自由，没有过多的社会角色带来的压力感，同伴之间能较为独立地交流，他（她）们之间有合作，也存在竞争，有分歧，也会产生共鸣。

大学生个体在大学情境中的身份、角色基本相同，所承担的主要任务和面临的主要困难也有相似性。比如，对于大学新生，他（她）们同会有对新的学习生活环境尽快熟悉和适应的要求，同会有角色和学习方式转变的困难等。在这种情况下，学生之间会表现出合作、互相帮助以及意见上的相互认同，齐心协力克服共有的困难。尽管大学生群体具有其显著的群体特征，但多元的个体特征同时存在，这时交往会对个体带来潜移默化的影响，在共同的话语体系的规约下，使个体对自我意识、行为等在这一话语体系下进行判断和选择。

大学生同伴之间交往，彼此会受到来自对方的影响，受到来自群体话语体系的影响。同伴之间的交流、对话有可能是建立在认识统一基础上的，也有可能是建立在认识分歧之上的。如果是第二种情况，就会出现交往双方之间的博弈，是双方见解和认识上的分歧带来的博弈。当其中一方的见解和认识代表了大学生群体的话语立场、话语范式，博弈的结果是，另一方很大程度上可能被改变，他（她）需要群体的认同，首先要在代表群体主流价值观念的同一话语体系下进行对话。

3. 与家长交往的话语体系

大学生与其家长之间天然地存在亲缘性的交往关系，是一种依附性的交往。在交往中，学生受到来自家长的指导或要求，学生的日常行为和社会性的活动摆脱不了家长的监督和干预。与家长有关的阶层、宗教、经济状况、生活方式、文化教养等方面的综合特征对学生有极强的渗透力和塑造力。在与家长交往中，学生对家长表现出很大的依赖感，家长则表现出一定的权威，学生的心理、个性、行为等都会受到来自家长的影响。

　　学生与家长交往中形成的话语体系，代表家长的意识、意愿多些。在学生个性社会化过程中，家长是其中的执行者之一，家长通过代表其意愿的"家长话语"介入学生的学习、生活、情感及成长过程中，"家长话语"是家长站在代表自己社会阶层、社会身份、社会职业的角度，表达出的关于社会的（包括文化、伦理、道德、价值观的）一般意义的认识。家长传递给学生的关于社会的认识信息中包含了社会功利的色彩，对于学生好奇心、独立性、坚韧性的创新品质的养成来讲，这种社会功利性是不利的方面，学生的好奇心、探究能力需要在自由、开放的话语氛围中养成。

　　4. 来自大众传媒的话语影响

　　大众传媒包括网络、报纸、杂志、影视、广播等，如此多的传媒形式以及多元的传媒文化可能会给学生获取有用信息带来干扰，干扰大学生对社会事件做出正确的判断，对自己的理想目标做出正确的选择。大众传媒大多只计社会影响力而不计影响力的正负效应，由此导致低俗文化元素不断流入大众眼目，模糊了理性与偏见、权威与世俗、进取与堕落之间的界限，大学生在这里容易迷失自我。

　　不同形式的大众传媒，尤其是网络已成为大学生生活中重要的趣味餐，大学生有大量的时间和机会接触网络，网络面向大众，在网络被大众广泛使用的过程中，网络文化亦随即产生，网络文化通过网络话语被改写和强化，被众多人接受，包括大学生群体。在网络上被宣传的人物、事件等被许多大学生当作模仿的对象和参照的范例，使其本有的价值观念受到低俗文化元素的影响，抵触诸如学校这样的社会化主体所教导的价值观念。学生的社会责任感、进取心、对引领社会进步、对新奇事物的探索精神很容易在低俗文化的冲击中消散。

四、话语体系的影响力量

　　师生间的话语体系、同伴间的话语体系、与家长交往中的话语体系、大众传媒的话语体系是大学生社会交往中能够对其意识、行为及发展带来影响的几种话语体系。这些话语体系同时对学生产生影响，有积极的影响和消极的影响两方面。

积极的影响：话语体系是大学生日常生活中能够对其带来显著影响的社会影响力量之一，话语体系同学科规训是帮助人们了解大学教育的理论工具，学科规训解释了大学教育中与大学生的知识积累、认知能力发展有关的专业学习活动的传统、目标及目标实现方式等形成的最终缘由；话语体系则从构成人的日常交往行为及能够调整人的表现状态的话语范式的角度帮助人们了解大学生的意识、个性、品质养成的社会背景。大学生的身心变化、身心发展就是在这个社会背景中发生的。这个社会背景对学生的创新意识养成、创新品质的养成可能会带来积极的一面，体现在是否激发了学生主动怀疑、主动投入探索和主动实现自我创造目标的内在动机，是否帮助学生形成了自身独立、自信、坚忍不拔、专注、敏睿的品质。

消极的影响：由符号—话语带来的互动较大地受到社会背景的形塑。大学生在日常交往过程中，自然也会受到社会背景的形塑，话语体系是实现这种形塑的客观力量，话语体系有可能对学生本有的创新潜能的发展产生积极的影响，也有可能带来不利的影响。比如，师生间的话语体系如果过分强调知识、规范、纪律的作用，忽略学生人文品质、多维思维方式的发展，则不利于学生大胆表达、大胆思考、大胆实践和改造；大学生群体中同伴间的话语体系若不能体现学生能力素养发展的需要，不能表达积极的、向上的、进取的、利公的话语观，也不利于学生发展相关的能力、素养，不利于形成学生求真、求实的价值理念和追求；与家长交往中的话语体系往往表达了家长一方的话语立场，以谋求高职位、高收入、有保障、有社会特权作为学生未来发展的目标和着眼点，在这样的话语体系里，学生不再注重发展自己的兴趣，不会在自我兴趣和爱好方面有所突破和贡献，他们努力学习，但仅仅将学习作为谋求社会职位和权力的工具，学生在自我发展中将失去"自我"；来自大众传媒的话语体系如果过分宣扬代表社会功利性一面的世俗文化，而不注重宣扬民族文化的精髓，不向世界先进文化看齐，不推动国内创新文化的发展，那将不会给进步成长中的青年学子予以有精神品位和社会价值的文化给养，无形中抵制了青年学子创新意识的形成和创新品质的养成。

大学生在接受大学教育过程中，一方面要根据学校的学习培养计划学习相应的学科课程，参加学校的学业考核和水平认定考试，获得所规定的学分，达到取得学位的学业能力要求，这是所有大学生都经历的大学组织化生活；另一方面，在紧张的学习生活之余，大学生们可以按照自己的实际情况安排他（她）们的课外生活，有满足个人需求的课余休闲活动、交往活动、社会实践活动等内容，学生参与活动的意愿、过程、形式都不是在学校的学科制度规定下统一进行的，更多地体现学生的主体性及个性特征，学生的认识体验更多地来自他人的互动交往及个体的实践活动中，这便是大学生在大学教育中的日常交往与实践。大学的组织化生活与大学的人际交往生活、文化生活构成了大学生活的两个方面，大学生正处于青年时期，处于这一时期的大学生，他（她）们思维较为敏捷、求知欲较强，信息来源比较广泛，他们渴求在接受科学文化教育的同时，在日常生活中丰富自我角色，打开视域、接受新思想和新观念，培养自己适应社会的各种能力。大学的组织化生活展现给大学生的是体系严密、逻辑严谨、学科专业性突出的科学世界；大学的人际交往生活、文化生活提供给大学生的是一个实践交流的大舞台，学生在互动交往中迸发出思想的火花，感受话语传递给他们的体验、感受、意义。学生可以使用话语来表达和理解表达。以上两个方面交织在一起共同陪伴大学生成长，对学生各种能力的发展，包括创新素养的发展都起到一定的影响作用。

第二节 大学生活的现实考察

一、考察的要点

（一）与学科学习相关的方面

大学生学习生活与学科学习有密切相关，学生的学习活动按照学科分类、学科制度以及学校的相关规定有计划、有组织、有目的地进行。正是以学科学习为内容核心，大学生的学习生活则不同于其他形式的学习，是一种有序的学习形式。学科一方面指知识或学术的分类，一方面则指大学教学、科研等的功能单位，大学中的人才培养、教学科研、社会服务等各种功能活动都是在学科基础上进行的。大学集知识的传播、加工、生产、创新功能于一身,知识资源是大学教育提供给个人的最基本的方面。知识也是个体期望从大学教育中获得的一项重要内容。在大学教育过程中,知识通常以学科、课程、教学甚至是通过校园的各种活动来影响学生的。

学科、课程、专业、教学、科学实践（实验）、校园中的各种实践活动都与知识相关,或者直接由某类或某种知识构成,或者提供一种知识获取的方式和场景。我们可以把以上这些方面看作是大学教育为学生个体创新性发展提供知识支持的具体方面,通过以上方面,学生能够直接获得或有可能切身感受和体验到某类或某种知识转化为个体的能力和内在发展的基本要素。

学科、专业、课程是知识在大学教育中的集中体现形式,是影响学生的条件要素。在学生开始系统的知识学习之前,大学首先按学科划分好了不同的专业,再根据不同的专业设置了相应的课程体系,学生再根据自己的专业选修课程,学生通过课程学习,实现了知识由外向内的内化反应。一定的学科知识体系构成了专业；专业培养目标、课程体系以及专业人员是专业的构成要素；为社会培养各级各类专门人才是专业的目标。依据专业的构成要素及专业目标,学生的学习活动与知识之间才能建立起有效的联系。课程是学科知识体系与社会职业需要相结合的专业活动的内容和结构,是学生学习活动指向的直接对象。学科及与其相关的专业、课程等共同构成了大学生学习活动的中介。对学生的专业发展来说,课程中承载了最基本的知识内容、方法、技巧等,但同时也将学生的知识视野局限于专业的范围和领域内,也就隐埋下一个不得不令人担忧的问题,如果在自己的专业之外,学生在知识应用转化方面究竟有多大的用武之地呢？专业的课程学习解决了知识学习的效率问题,却避免不了知识应用中的转化问题。专业课程学习提供了个人知识建构中的一种线条型结构,而应用知识对现实进行指导时,需要各种知识的相互转化,在这种情况下,则需要一种网状的知识结构。事实上,人们应该承认人的学习是从认识一种现象到认识另一种现象,从认识一类事物到认识另一类事物的循序渐进的不断积累的过程,从这个角度来说,大学教育为人的知识积累提供了一种相对合理的方式。

教学、教学实践（实验）、各种实践活动是大学教育中知识传递的方式，是影响学生的手段要素。这些影响学生发展的手段是根据学生的年龄特征、知识水平及学生的成长方式特征应运而生的，是教师和学生之间或学生独立实现知识个体化和个体知识社会化的过程。学生在这一过程中，认知水平会得到提高，认知范围也会不断得到扩展。在这种动态过程中，学生是活动的主体，各种学习活动、学习内容被系统地、按照递进的方式分层次地安排进教学活动中，形成了相对开放的系统面向学生，学生在这个过程中可以按照自己的接受水平进行系统学习和体验，，当遇到了认知的盲点、疑点时，会有专门人员（教师、实验辅导员等）给予指导和帮助。当然，在这一过程中教师避免不了要对学生的实际掌握水平进行测评，而学生也要对此做出回应。这种诊断性测评能够使学生与学科课程（知识）之间保持一定水平的平衡，同时可以为学生下一步学习提供方向上的指导，为学生的有效学习提供支持。

大学为学生提供了高深的专业知识及知识的教学、实践活动，这的确是提高大学生专业知识容量，对知识的认知由模糊状态发展为清晰状态的重要条件，奠定了宽厚的基础知识和专业知识基础，建立在这样的基础上，学生专业的前沿问题、有争论性的问题及有待深入探索的问题具备可以进入其中的钥匙，当具备一定条件时，可能引发学生对问题的深入思考和探索，成为可以激发学生创新表现的一种可能因素。

（二）与学校评价奖惩制度相关的方面

在学生创新素养养成过程中，学校评价奖惩制度中的许多方面都无形地产生惯性影响，构成大学教育中对人的能力发展和创新素养发展产生影响的重要因素，作为学校评价奖惩制度的一个重要方面，评价导向对学生创新意识和创新能力的发展在很大程度上具有方向上的引导作用，发挥着指挥棒的作用。这种指挥和导向作用通过两方面体现出来，一是教师的评价指向，二是学生的评价指向。

首先，从对教师评价的指向来看，如果以学生在考试中的表现和成绩作为评定的参考指标，而不是从教学全过程看教师在学生能力、意识、实践水平、思维方式变化等方面的影响作用，教师则在主观意识和实际教学中把学生的成绩作为首要的目标，而不是将学生整体素质，包括创新素养的提升作为自己工作内容和指向，学生在能力发展上受到教师指导方式的影响。

其次，从对学生评价的指向来看，如果以学生的知识和能力、智力和个性发展、认知和创新、理性和审美情感等各方面素质的综合发展作为学生发展评价的目标指向，不仅能够考查学生的学习效果，而且能反映出学生能力发展中的不足或缺失的方面，从而促使教师进一步改进教学，学生及时调整学习以达到相适应的发展状态。通过评价导向的引导作用，学生对自我认知能力、意志品质等方面的发展状态有一定的认识判断，从而加强学生的自我监督和自我调控的元认知能力。

对学生的评价如果站在发展者（学生）的角度而不是评价者的角度，如果是以学生的生长和发展为中心而不是以学生的适应为主，如果是鼓励和引导学生内在素质的综合提升、创新性素养的养成而不仅仅是成绩的提高和教学任务的完成，如果是以学生自主探究和情感价值体验的激发而不是以学生标准化的学习训练来实施评价，学生的发展将沿着自主、创新、全面的方向发展。

（三）与学生的交往实践相关的方面

大学生是一个非常特殊的群体，从其发展特征来看具有较强烈的自我意识，但在人格上又具有较强的可塑性，他们正处于自我个性养成的关键时期，大学对他们的人格形成具有深远的影响。大学生日常交往包括师生间交往、同伴间交往、与家长的交往、网络交往等。

师生交往建立于教学关系之上，教师是学生学习的指导者，是大学生人格模仿的对象，师生在交往过程中共同成长，在长期交往中，师生之间会产生信任，教师的关心、鼓励在一定程度上增长了学生的自信心，让学生形成探求的心理和克服困难的意志力，帮助学生提高适应环境变化的能力。师生关系是影响学生人格养成的重要因素，与学生创新性的发展息息相关。同伴交往是在学习生活过程中形成的一种同伴间人际交往关系。同伴之间年龄相仿，有共同的发展需求和相似的内心体验，有更多交流和讨论的话题，在学习中有较多的合作与竞争，在意见和思想上的相互借鉴、批评也较多。在同伴交往过程中，每个个体对自我的关注程度、对集体的关注程度有所提高，个体的自我发展意识及求得集体认同的需求有高度体现，使他们养成了强烈的自我实现的意识，是个体人格养成中的影响因素。与家长间的交往建立在亲缘关系之上，家长对学生的要求和期望表现得更直接和持久，打破了客观条件的限制，交往间的信任度较高，对于具有强烈主体意识的大学生所产生的影响更深刻、更持久。网络交往具有多元的社会基因，给学生的价值判断和意识观念的选择造成困难，是影响学生内部话语意义形成和意识、行为发生改变的不可忽略的方面。

二、考察的方法、工具

（一）访谈法、参与观察法

为了能够获得关于大学生在大学校园中实际的生活、学习、实践、交往等方面的翔实资料，笔者分三个阶段分别进入五所大学（包括四所样本学校）做无结构访谈和结构访谈，同时也进入大学生群体中进行参与观察。在第一阶段和第二阶段访谈中，访谈对象是随机确定的，访谈的重点是对大学生组织生活及非组织生活的现实状况及其对学生个体的影响情况做一个基本了解；在第三阶段，访谈对象主要是有一定熟识度的在校大学生，他们的性别、年级、专业和学校是不同的，笔者采用集体访谈和个体深度访谈两种形式获取资料，访谈的重点是问题解决过程中尚未意识到的盲区，而学生自认为大学教育中对他们的知识结构、思维方式、创新品质具有深刻影响的方面。

采用实地观察法笔者也可以获得关于在校大学生在知识结构、认知方式、思维实践方式及其人格表现特征的直接资料，对于进一步认识大学教育在学生创新素养养成过程中所产生的影响结果提供线索。笔者置身大学校园中，对学生的日常表现和活动可以随时进行观察。比如，观察学生在一周中学习比较集中的是哪几天，学生参加社团活动和社会实践活动的踊跃程度、频度及态度，学生在日常交往中的谈论话题有哪些，男女生的课堂表现、自习情况、在班级里各自表现出的特点等，都可以通过观察了解到。

（二）大学生网络论坛话语分析

网络交往是当代大学生社交的重要方式之一，网络上的交往工具有 QQ 聊天、ICQ、BBS、微信、微博、人人网、开心网等。在以上的网络交往工具中，本研究将选取 BBS 作为大学生网络论坛话语的分析对象。几乎大部分的校园网络都开设了 BBS 学生论坛。BBS（BulletinBoardSystem 的简称），即电子布告栏，学生注册之后，就可以在上面发布信息、参与讨论了。在 BBS 的信息发布和小组讨论中涵盖有不同内容的板块，学生可以根据需要在不同的板块下发布信息或参加某一话题的讨论。BBS 上的人群以及人群空间比较特定，一般是同一学校的在校大学生，他们有基本相似的环境背景，交往信息和交往话语可信度高。

要对大学生 BBS 网络论坛的话语进行分析，首先要确定分析的单位、界定样本抽取的时间界限、确定抽样样本；其次，按照研究的目的和特定的标准确定样本的编码体系；最后，按照编码体系对抽样样本进行数据统计并分析得到结果。

大学生 BBS 网络论坛话语分析的单位：信息发布记录和讨论记录。

大学生 BBS 网络论坛信息发布记录和讨论记录抽取的时间范围：2019 年下半年至 2020 年上半年大学生 BBS 网络论坛中发布的信息记录和讨论记录。

大学生 BBS 网络论坛信息发布记录和讨论记录的样本抽取：抽取 2019 年下半年至 2020 年上半年某市 D 大学大学生 BBS 网络论坛和 C 大学大学生在 BBS 网络论坛中发布的聚焦校园活动和校园生活的信息记录和讨论记录。

大学生 BBS 网络论坛话语分析抽样样本的编码体系：抽样样本按两个层次编码并在此基础上收集信息。第一层次：按类别对大学生网络论坛发表的信息和讨论记录进行归类；第二层次：对不同类别的信息和讨论记录按浏览率高低归类。

大学生 BBS 网络论坛话语分析抽样样本的数据统计与分析：关于大学生 BBS 网络论坛话语分析将在对发表信息及讨论记录的分类基础上，再按照大学生对不同类别话语所持的态度这一维度进行分析，按照肯定与否定两方面的态度表现归纳对学生产生影响的方面，大学生 BBS 网络论坛话语抽样样本的数据统计及结果分析将在后面专门呈现。

创新素养特质主要通过知识结构、认知能力、创新意识、创新思维及人格这些方面表现出来，具有创新特性的人一般来说，掌握的知识结构合理，具有综合的认知能力，具有善于破旧立新的创新意识，具有打破思维定式的创新思维，还具有包含创新潜质的人格。

贯通的知识结构：知识结构作为创新素养构成的重要方面，在内容上要求尽量最大化，掌握一定的理论基础知识、深厚的专业知识、广泛的临近学科知识、科学技术发展前沿知识及在实践中积累的默会知识，并能做到各类型知识（包括基础知识、专业知识、哲学知识、方法论知识、创新技法知识）的灵活转化与应用。知识结构的合理程度直接影响创新思维的流畅性、变通性、新颖性。

综合的认知能力：认知能力是人们成功完成各种实践性活动最重要的心理条件。认知能力通过观察力、记忆力、想象力、思维力、操作力这些方面反映出来。组成认知能力的各个方面联合作用于主体的认知过程，在个体间形成差异性表现，从而也对人们的创新能力发展产生不同程度的影响。实现创新需要敏锐、准确的观察力，需要敏锐、准确、持久、广度大的记忆力，需要丰富、灵活、独特、新颖的想象力，需要灵活、批判、综合、抽象、广袤的发散性思维力，还需要较强的操作实践能力。

善于破旧立新的创新意识：创新意识不同于一般意识，怀疑、超越、破旧立新是其根本表现；进步、发展是创新意识的价值要求；使人得到美的享受是创新意识的追求；感性与理性的统一，显意识与潜意识的统一，智力与非智力的统一，知识与道德品质的统一，灵感直觉与分析综合的统一，各种具体意识创新品格的有机统一是创新意识的最突出特征。创新意识有利于创新活动的发生、进行和完成，是创新活动的反映，亦是创新活动的动力。

发散和可转化的创新思维：创新思维指主体在实践经验基础上，通过超常的思考方式，产生独特新颖认识成果的心理活动；从信息论的角度看，创新思维是大脑对内外信息进行加工改造，发现新问题、产生新关系以及形成新组合、新模式的活动过程。实现创新需要有突破性、新颖性、独立性、综合性、辩证性及开放性的创新思维方式。

具备创新潜质的人格特征：一个人创造性的发展及其显露，与其人格特性之间有极其显著的关系。根据各种研究和研究比较发现，具有创新潜质的人有着共同的人格特征，他们通常有强烈的求知欲，极为丰富的想象力，对未知的事物怀有强烈的好奇心，敢于探索和发现，独立自信，不从众，坚韧不拔，执着追求自己立志实现的各种目标。以探奇猎新为动机、为了满足自我求知欲望并坚韧不拔的强烈程度是常人所不能达到的，这是创新个体人格特征中无法改变的、最稳固的部分。

第五章 大学生教育发展创新历史借鉴

第一节 历史的借鉴

大学演进程中的各个历史时期,发生着一个个带有鲜明历史印记可为今日大学带来启发的历史事件,在这些历史事件中也保留有众多代表人物闪耀智慧光芒的观点与言论。通过对这些教育史料的解读,可为解决当下大学发展中面临的现实问题提供宝贵经验。

一、反观中世纪大学教育的发展

中世纪大学产生之始,便确立了自己的组织制度,形成了分科培养专门人才的传统,并为现代大学所传续。这一时期的大学虽深受宗教的影响,但也离不开世俗土壤的培育。新兴城市的出现为中世纪的大学带来世俗的精神,行会组织为大学的演进提供保障,大学依靠组织的力量拥有一定的自主权力,大学的学科培养目标趋于世俗化,即为了满足城市化的需要,大学通过逐渐固定下来的神学、法律、医学、文学等学科专门培养教会、政府、专业所需要的神职人员、政府官员、律师等人才。中世纪大学成为满足当时社会需要的主要服务机构和培养多种专业人员的训练场所,带有浓厚的功利化和职业倾向,一切精神的修养处于被忽视的状态。盛行于中世纪大学中的主要学术研讨方式是经院哲学。经院哲学以模仿古人先贤为根本价值评价标准,形成了模仿与理性相结合,权威规定同科学论证相联系的架构法则,形成了"作为科学的神学"。经院哲学对教义、权威极度崇拜,对自然、经验及社会现实严重鄙视导致中世纪大学学科教学内容空洞、贫乏,教学方法烦琐、死板,牢牢地禁锢着人们的思想。中世纪大学只有摆脱教会和经院哲学的思想禁锢，才能使人的精神走向自由。

二、文艺复兴时期大学教育思想的历史启示

文艺复兴时期 (14—17 世纪中期) 兴起的人文主义是这一时期新的教育理念与实践的核心要素。人文主义教育者提出了全面发展自由教育的口号。

弗吉里奥 (PietroPaoloVergerio) 提出了通才教育 (all-roundeducation) 的思想，另一人文主义者维多里诺 (VittorinodaFeltre) 提出了自由教育的思想，通才教育思想与自由教育思想集中体现于大学教育中。

文艺复兴时期，大学教育强调以人为中心，大学培养目标旨在培养多方面知识和谐发展的"新人"，培养"新人"的过程即发掘人性的过程，用教育的手段发掘人的潜在能力、创造能力和塑造自己的能力，把人从社会的习俗与职业中解放出来，使人摆脱具体的功利目的，真正表现他自己，人文学科是达到这一目的的重要手段。这一时期的大学教育强调人文与科学的联系，这缘于一种认识，认为人的理性源于对自然的全面认识，人的非凡才华基于汲取多方面的知识，科学和人文知识相辅相成，共同给养人的自由理性与和谐人性两方面。如史学家布鲁尼 (LeonardoBruni) 所言："科学和文学知识是相辅相成的，同时学习这两方面的知识可以相得益彰。有文学而无科学就会显得空乏无力；有科学而无文学也会显得隐晦和暗淡无光……从某种意义上说，一个人的文学和科学才能是相互交织的。"尽管人文主义教育极力倡导的自由教育观对其后的高等教育的自由教育传统产生了重大影响，但人文主义教育依然遮掩不住它内在的缺憾：没有真正面向现实生活，使其走向了只重形式不重内容的形式主义。

三、启蒙运动时期至 20 世纪中叶大学教育发展问题总结

始于 17 世纪末的启蒙运动发源于英国，鼎盛于 18 世纪的法国，是一场继文艺复兴运动之后波及西欧各国的又一场思想解放运动，也是实现西方社会转向现

代的重要历史阶段。启蒙时代高扬理性,在知识领域掀起了科学革命的浪潮,并逐渐走向唯科学主义的泥潭,这在高等教育领域有突出体现:大学以国家和社会需要为前提,大力提倡科学教育,教学过程"科学"化,严格遵循科学的程序与逻辑,其目标是为国家和社会培养有用的科学人才,专业化与职业化目标明显,科学学科与人文学科的地位分别走向了提高和降低的两极,大学成为人文科学和自然科学之间持续紧张的主要场所;人文科学和自然科学现在被界定为两种完全不同、对有些人来说甚至是截然对立的认识方式,在人们精神深处,人性、主体内在精神、自由这些科学理性的文化真谛被唯科学主义残酷地践踏,技术主义、功利主义、唯物质主义的枷锁迅速套牢人们的思与行,大学教育出现了一种极为紧张的状况,人的道德精神、审美能力、个体人格以及心性的完善和发展无以寄托,理性与非理性的激战,击垮了大学实现人的自由发展的理想。

在科学革命进程中,掀起了不同流派、不同思想间的争论,涌现出众多的时代先锋,他们的思想观点值得后世思考和借鉴。第一个系统阐述科学主义思想的哲学家是笛卡尔(ReneDescartes),他将科学看作是唯一的知识和永恒的真理,是文化中最有价值的部分。他认为,运用了科学方法的自然科学是客观现实的正确表象,是一切知识的范例和标准。包括人在内的自然界不过是一台完美的、被精致的数学控制着的机器,遵循着一定的自然规律运转。孔德是科学主义哲学的另一位代表人物,他创立了实证主义哲学。他指出,一切科学知识都必须建立在来自观察和实验的经验事实的基础上,经验是知识的唯一来源。19世纪,在英国分别就教育的目的和内容问题展开了两次大辩论,在国内与国际上都产生过深刻影响。威廉·惠韦尔(WilliamWhewell)竭力强调数学在自由教育中具有重要作用,威廉·汉密尔顿则主张突出哲学在教育中的地位。纽曼(JOhnHenryNewman)则站在传统教育的一边,宣称哲学、古典文学、文科是最有价值的学科。斯宾塞提出教育的目的是"为完满的生活做准备",他反对古典学科,认为科学才是最有价值的知识。约翰·斯图亚特·密尔(J.S.MilJ)和帕蒂森(MarkPaltison)二人认为,高等教育的完整组成部分包括科学和古典文学,其中科学是训练人的其他心理功能的手段。阿诺德(MatlliewArnold)则认为,教育的最好内容是古典文学而不是自然科学。赫胥黎认为科学是教育的重要组成部分，就自由教育而言，包括智力训练、身体训练、道德训练以及审美等多方面的训练，自由教育是自由的、实用的教育。赫胥黎还阐述了科学与文学、艺术、美术之间的关系，并指出，科学与文学不是两个东西，而是一个东西的两个方面叽20世纪的逻辑实证主义者卡尔纳普 (RudafCarnap) 赖欣巴哈等倡导科学经验主义 (ScientificEmpiricism) 他们持有一种观点，即所有研究领域都超不出科学的范围，都受益于科学的方法。自然科学的概念、方法等可以移植到人文社会科学领域，二者能够达成统一。

启蒙运动在推动教育由神学化向世俗化、科学化和国家化转变以及资本主义现代教育体制形成方面具有不可替代的历史推动作用，但伴随启蒙运动出现了知识领域的唯科学主义的局面，造成在大学教育中科学知识与人文知识发展不平衡的状况持续至今，在指导大学教育培养目标确定和课程内容选择方面具有一定的局限性，给大学教育带来了不利影响。

四、二战以来大学育人问题归纳

第二次世界大战的硝烟虽已沉寂，但各国在经济、军备、教育、科技、综合国力方面的竞争却未止步，希望通过以上方面的发展保障或争取竞争力和实力上的绝对优势。在此情形下，许多国家加大了对高等教育的投资，刺激了高等教育的进一步发展，西方工业化国家陆续进入高等教育大众化阶段。作为高等教育系统中较高水平的大学逐渐从象牙塔进入社会生活的中心，在自我发展和调整中成为社会的轴心机构直接为社会服务。作为实现国家强国目标的重要智力库，国家对大学的干预和控制程度处于膨胀的状态，而且随着大学社会服务功能的深化，出现诸多利益相关力量，对大学的发展来说也形成了一种压力。

在经济全球化、政治民主化、文化多元化发展的今天，大学机构的事务也越来越复杂和烦琐，既需要维持和满足大学内在的发展需求，也需要积极扩大与外部联系的通道，提高其自身的影响力，吸引学生，聚集资源。大学如此疲于奔命和繁忙皆为高等教育市场化使然，高等教育市场化则为社会的现代化发展使然。为满足市场对专业人才的需求，专业训练统领大学育人过程。泰勒曾敏锐地洞察到隐藏于现代性中的三个隐忧。第一个担心是关于我们可以称作意义的丧失、道德视野的褪色的东西。第二个涉及在工具理性猖獗面前目的的晦暗，第三个是关于自由的丧失。专业性、工具性充斥于现代大学之中，几乎每个国家的大学育人过程都无法抗拒这股强流，大学教育在很大程度上失去了人文性，而成为寻找职业的工具，褊狭地满足个体与社会世俗性的发展需求，个体在大学教育中的工具生存使得个体在教育中无法找回自我内心、自我精神的价值诉求的本原，大学教育与人的发展之间是一种缺乏生命体悟的冰冷的物化关系，教育无法使人真正快乐，人的内心没有思考事物背后价值与意义的冲动，在人的现代性教育生活中，创造、反思、批判的特性与之擦肩而过，人的主体性在教育活动中被屏蔽，一切思考、反思和冲破范式的内在力量也即将消失。人的创新性发展所需的主体性条件及人文土壤在当前的大学育人过程中被严重忽视，相反，当前的大学育人活动围绕专业化的学科知识（物态的客观知识）而编排，大学生活被智力氛围所包围，以专业知识的算术级数增长来衡量。人们明显地感受到，大学的育人活动在人的认知态度、认知方式、认知过程的创新方面应该得到加强。

第二节　跨学科理论的借鉴

一、哲学教育人类学关于教育的观点

1941年，德普·福瓦尔德（HeinrichDoppVonvald）在所著的《教育科学与教育哲学》一书中，概括了自狄尔泰提出"教育以人为主"的命题以来哲学教育人类学教育价值观。德普·福瓦尔德指出两方面的问题：一是把哲学人类学的教育观概括为:(1)价值批判的意义分析;(2)基本性心理学结构分析;(3)本体论—存在的分析。二是认定教育的基本问题在于:(1)我能认识什么？(2)我必须做什么？(3)我希望什么？(4)人是什么？概括来说，人的本质包括知识、行为和信仰，教育的本质是促使人的本质的改变，尤其是精神的改变，教育力量在于发生"精神的作用"，教育的功能在于促进精神的引导。

二、政治经济学关于人的发展的观点

马克思、恩格斯从唯物史观的理论出发阐述了人的全面发展的内涵。人的全面发展可概括为两方面：一方面是指人的体力和智力、才能和志趣以及思想道德等各个方面的全面发展；另一方面是指人的个性品质的充分和自由的发展。马克思进一步阐释了"个性"的三种基本含义：一是主体性个性，从个人与社会关系的角度说，个性是相对于个人对社会的依附性而言的自主性、自律性和创造性；二是指人与人在特性方面的差异，从个人与他人的关系说，个性主要是指个人不同于他人的气质、性格等心理特征；三是指不同个人的社会特征，从个人的社会性或不同社会群体中的个人来看，个性是指个人在某一特定社会群体中所具有的社会特征。

三、心理学关于人的发展的观点

奥地利心理学家和精神医师阿德勒（AIfredAdler）在自己所从事的领域提出了个体心理学的诸多观点，这些观点也反映了他对个体的成功与发展的见解。阿德勒的理论以社会文化为取向，提出了"追求优越""社会兴趣""创造性自我"等概念。阿德勒认为，人生而具有身心缺陷，每个人带有不同程度的自卑感且具有补偿身心缺陷的要求，人们不仅补偿缺陷，在此基础上还发展为优点，追求优越。阿德勒将"追求优越"（strivingforsuperiority）看作是人生而具有的将人格统一于某个总目标的内驱力。优越感则指个体的完美发展和自我实现。"社会兴趣"是阿德勒提出的另一个具有代表性的概念。他认为"社会兴趣"是个人对自卑感的一种根本补偿，它能使每个人更好地为社会贡献力量，在为社会服务中实现自我价值。社会兴趣获得充分发展取决于母亲"创造性自我"是个体的主观系统，是一种有意识的塑造人格的主动力量。阿德勒认为，人类行为不完全由遗传和环境决定，而是会创造性地、自由地结合遗传和环境素材，根据自己的独特方式加以组合，形成自我。创造性自我使每个人的人格和谐、统一，并具有独特性，是人类积极生活的基础。阿德勒的学说体现了个体意识的能动性，充分证明了个体在自我发展、追求优越、适应社会和环境中强大动力产生的心理基础。

四、人的发展在人学研究中的阐释

人学研究的代表人物当属德国哲学家卡西尔（EnstCassirer）。卡西尔的人学思想强调人的生命是一个连续不断的自我运动的过程，非理性形式的文化在人类文化和精神结构的整体中具有基础性地位，强调个体价值及个人自由、人的本质的自我创造及探究人类的生命实在的意义。他指出，人的生命实在是人自己的内在力量组织确定的结果，并强调哲学与人文科学的紧密联系及人文学科在人学研究中的重要作用，以此来弥补理性与自然科学的不足。在卡西尔人学研究中，所强调的不是人类自然生命的本能冲动，而是人类的精神生命，是人类精神的自主创造活动对自然生命的超越意义；强调理性与非理性的功能统一，而不是相互替代；强调作为人类文化表现形式的符号在人的自我认识中的重要中介作用。

通过对不同历史时期大学发展本质与问题的分析，以及对不同学科领域关于教育和人的发展问题的阐述，对于化解当前大学育人逻辑中的现实问题具有重要的借鉴意义。

第三节　现实问题的审视与观照

一、重申大学教育的合作性，实现学生主体性的复归

教育是合作的艺术，大学教育亦是如此。学生是教育中的主体，大学教育要体现人的主体性，人的主体性、人的发展逻辑是大学教育活动开展的首要依据。首先，从大学教育的培养目标来说，其最高目标是发展学生的人格、个性，实现学生的主体性，使学生在其所处的历史文化经脉中以及不断变化的外部条件下，表现出其主体自觉性、主动性、持恒性、调控性的精神状态，在发挥主体能动性的过程中起到启动、自觉、定向、引导、维持、强化、怀疑、批判、调节、挑战、否定、创新等作用。其次，从大学教育的培养过程来看，大学育人过程须遵循人的身心发展规律循序渐进。有效的育人活动紧密地与人的发展的内在需求状态相

联系，尽可能与学生的认知分析能力、抽象逻辑思维能力、观察能力、联想能力、综合分析与解决问题的能力等发展的优势阶段达到最优拟合状态，发展学生的自我意识，促其个性养成。既致力于学生当前的发展，也注重其各种潜能的开发，抓住最佳发展期，发展学生潜能，实现学生发展空间和维度的最大化、最优化、最全面化。再次，从大学教育的培养方式来说，要体现生成性，为学生实现自我能力发展与超越创造条件。人的本质体现于人的生成性、变化性及创造性中，大学育人活动应关注人的这三个方面，大学育人活动绝非机械的加工过程，而是发挥学生的主体性，使学生在教育过程中不断生成经验、形成意义、获得生长的过程。这一过程，不是通过外部的力量直接嵌入、移植给学生，而是通过教育情境的刺激，学生主动思考、主动探究、做出反应、生成意义的过程。大学教育应更多关注学生的生活世界和学生的生活体验，最大发挥学生的主体性，调动学生的主动性，发挥学生的创造力，帮助学生构建出具有个性的意义世界，实现个体的自我超越。

二、在大学确立以研究为基础的学习，有效提升学生的思维能力

以研究为基础的学习，强调学习过程的探究性，强调学习是基于导师指导下的发现而非信息的传递。发现、创造、应用知识是学生学习的主要方面。大学育人过程中，要转变把学生视为知识的被动接受者的教育理念，而重新将学生视为知识的探究者，将以研究为基础的学习贯穿于本科生的教育全过程中。

从大一阶段开始，学生就应该体验以研究为基础的学习。为此，有必要将大学一年级的课程建设成为一种基于探究的、整合的、跨学科课程体系。大学新生的教学计划应尽量体现研究性、综合性和跨学科性的特点。从大学一年级开始，学校就应为学生开设研讨班，学生学习以研讨班的形式进行，以解决具体问题为目标。安排富有经验的教师组织学生开展各种专题讨论或研究，保证每个学生在学习过程中获得合作学习的机会。

对于高年级的学生，学习应与研究和实习结合起来，多为学生创造机会，使他们能够不同程度地参与教师的项目研究之中，学生在参与项目的过程中，一方面获得了教师的悉心指导，另一方面在完成研究任务的过程中，锻炼了科研探究和问题解决的能力。同时为学生开设学科分布广泛的课程，引导学生跨学科学习，使学生能够享有跨学科学习的条件和自由。

（三）弱化学科规训的评价效应，同时兼顾学生智力训练与非智力发展学科规训

源于18世纪教育实践方式的变革，是在现代意义的学科形成之后出现的。18世纪后形成了考试、评分和书写三种教育实践方式，构成学科规训制度的基础。学科规训是一个为规范学科在知识生产和人才培养两条轨道上运行的，以学科组织、学科制度和学科文化做支撑的系统。学科规训制度在中国的形成大约是20世纪初，学科规训有两方面的效应：检查评价和学术规范，其终极目的是形成学术纪律及科学精神和人文精神。

在注重专业学科知识的大学育人过程中，学科规训的检查评价效应比较突出，即对学习者的"齐常化评断"居于主要地位，考试、评分、书写在现代意义的人的培养过程中产生规训性后果，即按照学科逻辑和专业要求检查评价学生，学生的情感价值及实践体验(默会知识)因为其不可表达和传递性而未被关注，学生的主体性发展受到压抑。学科规训评价效应使得教学双方都要面对经常性的监视与评断，因而渐渐懂得做出自我规训，对自己的身体以及思想做出经常的检查、评核和计量，不断衍生出会使自我进行检查审视的主体，一个缺乏批判性和探究性的主体。现有的规训尺度，规定了这个主体的主观目标和行动方向，是其无法超越的原因。大学育人应弱化学科规训的评价效应，而同时兼顾学生的智力训练与非智力发展。

智力好比是一艘正在驶向目标的航船，而非智力则是生命之帆，借助非智力的生命之帆，智力的航船能够远航，到达彼岸。智力因素主要指知识、技能和才能等方面；非智力因素主要指兴趣、态度、情感、意志、性格等方面。智力与非智力因素皆为人的创新素养的组成部分，二者的协调发展是实现人的创新性发展的重要前提。理想的智力训练包括知识、技能和才能在内的培养。其中，知识、技能是静态的且具有共性，能够比较充分地体现于学科和课程规划之中，能够比较准确地界定和测量，反映学生掌握及熟练应用的程度。而才能多通过对学生潜能的开发而反映在使知识和技能产生社会意义的活动之中与创造性活动之中，具体表现为想象、创新、交际、表达、分析、计划、组织、合作、开发等解决具体问题的能力和方式。才能具有不确定性和明显的个性，无法准确测度，但反映学生发展的较高水平，大学育人时，应为学生才能的培养留有空间。

智力训练与非智力发展在大学育人过程中应同时并举，不应受到学科规训评价效应的影响，只强调智力训练。智力是创新的操作系统，通过智力活动个体能够感知、认识客观世界，积累经验，解决现实的问题。非智力中的各基本要素在创新活动中具有调节功能，是创新的动力系统。个体的非智力因素在创新活动中表现为动力功能、维持调节功能、补偿的功能和定型功能。动力功能体现于两个方面，即对创新活动起激发和启动的始动作用，并引导创新活动向确定的方向行进，维持调节功能体现在支持、激励个体为实现目标坚持不懈。补偿功能指对智力方面的某些弱点可以通过非智力因素加以补偿。定型功能指个体的认识和行为组织固定化取决于非智力因素的投入和支持程度。个体的智力发展与非智力发展之间是双向互动的关系，对学生的创新素养养成具有重要的意义，在大学育人过程中，应同时兼顾，不可偏废。

四、普及通识课程，优化知识结构

任何一类知识的极端化，都不利于大学学科的正常发展，不利于人的素质的全面、综合、多样性的实现。这种状况的持续导致学科在纵深方向上的精细发展，在横向上的断裂和疏离。普及通识课程能够在大学育人过程中优化知识结构。

设置和普及通识课程的主要目标是以课程为载体，同时发展人的科学精神和人文素养，实现通识教育的"全人教育"的培养目标。与一般课程相比，通识课程具有独特的课程理念和价值诉求，具体表现在五个方面：（1）通识课程具有基本性的特征，即指通识课程的内容包含人类文明中最基本、最重要、最不可或缺的要素。（2）通识课程具有主体性的特征，即指通识课程的内容旨在建立人的主体性，在自我意识参与的情况下，认识、思考、批判、比较与己身相联系的自然、社会及文化。（3）通识课程具有多元性特征，即指通识课程的内容不以学科、地域、阶级、族群、文化为界限，尊重多元差异，整合人类优秀文化元素，拓宽学生视野。（4）通识课程具有整合性特征，即指通识课程内容整合了不同领域的知识，旨在启发学生心智和对知识的直观与创意。（5）通识课程具有通贯性的特征，即指通识课程的内容具有引导作用，所探讨的问题浅显，可借由问题的探讨而通向专业知识，知识内容前后贯通。

在大学育人过程中普及通识课程，首先有利于形成学生合理的知识结构。精细的专业划分使知识被条块分割，学生在学科的规训之下，缺乏融合的知识基础和全角度的视域分析处理现实问题。通过普及通识课程，学生能够形成合理的知识结构。第二，有利于学生能力的合理开发。通过普及通识课程能够培养学生多方面的能力，包括综合分析能力、价值判断能力、逻辑思维能力、创新开发能力、语言表达能力、社会交往能力等。第三，有利于学生健全人格和良好情感取向的形成。通识课程秉承了通识教育培养心智自由、人格完美的人的价值追求，学生通过学习，心智得以平衡发展，视野不断扩大，个性逐渐完善，情感体验不断升华，形成独特、完善的人格。第四，有利于培养现代社会的合格公民。通识课程不是脱离社会的高深学问，反映时代特色，因此，在我国高等教育大众化的历史背景下，通识课程也把培养合格公民作为其重要内容。在大学育人过程中，建立稳定的通识课程体系，为学生提供人文和科学体验，对于形成学生稳健、独立、积极、灵活、创新的独特品质，寻求个体生命的和谐、全面发展十分必要。

五、在大学育人中实现默会知识的外显价值

情感价值及实践体验属默会知识（tacit knowledge），在学生的创新素养发展中具有十分重要的作用，是内嵌于个体意识和情感中的反映个体内在认知状态与水平的能动性知识，构成个体认知的内在动力系统，是相对于由概念、符号、图

表等编码构成的体系化、逻辑上得到证实和检验的显性知识（explicit knowledge）而言的。当前大学育人过程中，显性的专门化的学科知识受到专宠，学生的专业水平有显著提升，但学生的感悟能力、主体意识、兴趣、情感态度、意志力、经验判断和批判性等发生于个体内部的认知潜能未被有效调动和开发，学生的主体创新意识没有形成，在生活实践中缺乏创新的动力。可以这样比喻，显性知识（亦称明确知识）是冰山露出水面的部分，可传递和共享，而默会知识是隐藏在水下的部分，是一种感悟和内在的能动力量。默会知识本质上是一种理解力、领悟力，能够把握经验、重组经验，促进知识的迁移、融会贯通，具有实现理智的控制能力，为个体的认识活动提供最终的解释性框架和知识信念。相对于显性知识（明确知识），默会知识具有优先性，能够为人的一切认识活动提供理智的力量，是人的认识活动的基础，是知识创新的关键部分。因此，大学育人活动中，平衡的专业学科知识和情感价值及实践体验（默会知识）的发展，对学生的发展来说尤为迫切。

就个体认知的结果来看，显性知识（明确知识）的比重大，则个体更依赖记忆和知识前后逻辑的连接和系统性；默会知识的比重大，则个体的思维更灵活，知识的迁移和融会贯通更有效。可见，默会知识在个体认知过程中的能动力量更显著。如何在实际的学习过程中有效地理解和获得知识，实现学生在认知和理解上的主动创新，有意识地凸显出会知识的能动作用则十分必要。已有的研究表明，人类的学习方式有四种：从显性知识（明确知识）到显性知识的言传方式；从显性知识到默会知识的内化方式；从默会知识到显性知识的外显方式；从默会知识到默会知识的意会方式。默会知识的形成主要是通过内化和意会两种方式。内化通常通过阅读的方式实现，意会则指通过个体间的合作使隐性知识在不同个体间实现转移。由此可知，默会知识与显性知识之间存在一种相得益彰的互补关系，在学习实践过程中，一方面可以通过显性知识传递的信息检验修正默会知识，同时通过实践交流活动领悟必要的默会知识。在显性知识与默会知识的双向互动过程中，既实现了显性知识的内化，也实现了默会知识显性化、符号化，使默会知识得到验证、补充和提升，作为显性知识的新的补充要素或内容，实现了知识的不断创新，默会知识是实现知识创新的活水。

六、增加适合学生创新素养养成的实践活动

人的发展是在个体与内部的心理环境以及外部的自然和社会环境的互动中实现的，实践活动是实现人的发展的必要前提和基础，学生创新性的养成同样需要与之相适应的实践活动作为基础。实践具有直接现实性的优点，一方面，实践本身是直接的现实的物质活动，能引起对象的现实改变；另一方面，实践又能把理论的东西变成现实的东西，在现实中实现主体的目的、愿望和意图，并在这个过程中改变和发展主体自身，创造性地改造个体的内部发展环境和外部支持环境。在人类的一切活动中，只有实践才具备这个优点。

当前，大学教育正致力于发展学生的创新能力，创新能力无法测量，但体现于主体参与的各种实践性活动的现实情境中，并体现主体的综合实践能力。大学育人过程中，学生的发展就是获得知识经验和进行行为实践的过程，学生的发展是知与行相统一的过程。在大学育人过程中提倡有目标的实践活动或活动课程，增加学生的实践感悟和体验，在活动中提升学生的主体性、能动性、批判性和综合实践的能力。实践活动为学生创新潜能的激发提供了实际的场景和场所，在这一场景中，当出现了与某一知识内容相匹配的情境时，这种通过其他媒介传递给学生的知识或是学生从不了解的知识将会在个体的理念中获得一次意义的确认，实现了外部知识的内化。从更深层次来说，个体内心产生了喜悦体验，有可能激发和启动一种探究的冲动，这是个体进行创新的基础。因此可以认为，实践活动是激发学生创新意识的重要方面，是一种有意义的学习方式，是符号所代表的知识与学习个体认知结构中已有的适当概念建立实质联系的方式。此外，有意义的实践活动或实践课程融合了个体的情感体验、默会知识、经验、判断力，实践个体参与其中，进行实践操作和探索，积极地交流合作，能动地协调各个方面的因素，发现问题、解决问题，完成新任务，获得新的体验和感悟。在实践活动中，为实现任务目标，学生主动积极地进行策略性整合，主体性得到极大彰显，学生获得了对事物的直接认识和深刻体验，各种能力有机会施展，形成了服务于未来

的内在动力，实践活动引发了个体一系列有意义的反应，对个体智力与能力的发展提供了条件，在大学育人活动中应加以重视。

七、为学生的创新素养发展创造环境与话语氛围

环境氛围是大学教育的内附环境，具有开放性、同化性，弥散于大学教育的整个过程中，且相伴于大学生的日常行为、活动中。当大学中的环境氛围活跃，人的主体性则明显。强调现实场景中的实践、以激发学生的探索动机，在美学价值观的基础上激发学生的动机力量。对大学的学生学业评价进行改革，形成因材施教、不拘一格的学生评价方式。鼓励并为学生进行科研创新活动提供支持和平台，给学生提供尽可能多的自由学习、探索的机会，养成学生独立思考和批判性思维的认知能力。提供公共、开放的创新空间，保证学校信息资源的开放，为学生提供各种信息的网络帮助，要为不同学科的师生提供直接、自由的协同创新的空间和平台，方便开展学科交叉的创新研究。

在大学的人际交往和文化生活中，创设良好的话语氛围，同样会增强学生的行为动机和创新动机。在人际交往活动中，各主体都是参与者，而不是被排斥在协商的主体性的交际活动之外。在话语互动中，任何话语参与者都有表达其见解的机会。所有的参与者在交往中采取趋向共识的交往态度，既不受内在压抑也不受外在强制，不对规范采取工具性和策略性的态度。在交往中，交往双方相互承认、相互尊重，体现主体互动性，尤其是在师生交往、学生与家长的交往中，要体现交往双方的平等。主体之间是一种商谈与认同的对话方式，在语言行为的系统中实现主体性与主体间性。在人们的相互讨论中，由共同认同产生普遍的伦理规范。良好的话语体系不仅体现在交往互动过程中，交往双方的互动、平等，也反映在话语内容对于交往双方的发展性及改造性的意义。大学生创新素养的发展需要有良好的环境氛围和良好的话语氛围的支持。

第六章　大学生教育创新的实施及过程

第一节　创新过程分析

一、创新过程的阶段划分

创新过程是指人们通过创造性活动，发现了新的矛盾，寻求到了新的相互关系，研究出了新的有价值的事物，产生出了新的鲜为人知的观念，一句话，有创见地解决了问题。

创新过程大体上都包括以下四个阶段：准备期、酝酿期、顿悟期、检验期。

(一) 准备期

这是创新过程的基础阶段。这一阶段的特点，主要是在积累知识的过程中检查和清理问题，确定创造的方向和目标：每个正常的人都具有一定的创造力，但是由于人们先天素质和所处环境条件的不同，不仅创造力大小不同而且所能从事创造的类型也不相同。资料表明，大多数著名的画家和音乐家，在其代表作问世之前都要有10年左右的准备时间，有时我们过多地夸大创造需要天才，只看到了天才所取得的成果，殊不知在背后这些天才付出了多少的时间和精力。

我们在进行创新时只有根据自己的专长、爱好和条件选择创新的项目，才能取得事半功倍的效果。在这个阶段，提出问题、搜集资料和提出假设是最为重要的步骤。

1. 提出问题

创新者能明确地提出问题，就等于问题已经解决了一半。一切创新都始于提出问题。海尔集团总裁说："发现没问题是最大的问题。"为了能正确地提出问题,首先必须了解引起问题所依据的重要事实,以及在解决问题时已具备的前提条件,如理论水平和研究积累的科学事实等。在一般人看来没有问题的地方提出问题,方能把问题研究得更深入一步。学从疑处生,学贵知疑,大疑则大进,小疑则小进。好问则进,谁能多提问题,谁的收益就大。挖掘你的提出问题的能力,需要你了解创新过程是如何进行的,在此基础上要相信创新能产生结果。

大多数人在生活中是喜欢提出问题的,因为人们想追求新的生活体验,愿意在有活力的环境中成长。但是,随着人们年龄的增长,那种喜欢追求充满朝气的生活的热情就会逐渐减退,最后变得僵化刻板,不再提出问题。因此要始终保持人们充满活力的生活,否则就不可能提出任何问题。

受人爱戴的物理学家理查德·费恩有一首科学诗值得一读:

"我想知道这是为什么。

我想知道这是为什么。

我想知道

为什么我想知道这是为什么。

我想知道究竟为什么我非要知道

我为什么想知道这是为什么!"

2. 搜集资料

一切科学研究都要求依靠事实。这些事实或者直接来自生活或者取之于实验室,或者取之于我们自己不可观察到的历史资料。在这一阶段,必须着手挖掘一切行之有效的方法,即尽可能地围绕问题搜集资料、形成概念、储存经验,以便为进行创新活动奠定良好的基础。没有资料分析问题缺乏客观的依据,创新就失了根基,便会成为空中楼阁。所拥有的资料越丰富,创新思维就会越灵活和深刻,创新能力就会在新颖独到的见解之上绽放绚丽的花朵。搜集材料是一项非常平凡的工作,谁都能做,以致人们常常瞧不起它。可是,无论做大型科研项目还是具体的创新课题研究工作,都离不开它。俗话说:"兵马未动,粮草先行。"创新课题一经确定,第一步就是广泛地搜集资料。离开资料,创新几乎寸步难行。马克思说:"研究必须充分地占有资料,分析它的各种发展形势,探寻这些形式的内在联系。只有这项工作完成以后，现实的运动才能适当地叙述出来。"

17世纪，我国出现了一部伟大的科学技术著作，叫《天工开物》。它详细记载了我国古代的农业、工业和手工业等技术，国外把它称为是"中国17世纪的工艺百科全书"。这本书之所以有这样大的影响，同作者宋应星以认真严肃的态度搜集资料有密切关系。一方面，他把古代有关老百姓穿衣吃饭的书籍统统找来阅读。另一方面，他把实际生活中有关老百姓吃饭穿衣的事尽可能问清楚，并一一做记录。积累的资料装了满满一箱才开始写作。

3. 提出假设

创造需要设想这颗种子。假设在创新活动中具有特别重要的地位，它能够揭示事实的奥秘，迈出探索事物规律的第一步。一切创新都是以假设为前提的。没有假设很难从不同的事物中发现共同的东西，很难从未知的事物中找出已知的东西，很难从已知的事物中预测未知的东西。没有假设，特别是没有想象假设，要想发现自然界和社会生活中的新规律，成为新事物的发明者、创新者几乎是不可能的。

当代自然科学的基本问题，如物质的结构、宇宙的起源与演化、地球的形成与进化、生命的起源和本质，都是自古以来人类的圣贤先哲一直在孜孜探求的问题。如物质的结构问题，中国古代先哲们提出了著名的"五行说"，即万物由金、木、水、火、土五种物质原料构成的学说。此外还有"阴阳说""八卦说""元气说"等。在西方，则有著名的"原子说"。对宇宙、地球、生命等自然科学的基本问题，古人也提出了不少具有重要意义的见解。这些见解都像"五行说""阴阳说""原子说"那样，并没有也不可能建立现代科学所具有的那种以观测或实验为依据的理论。从科学意义上说，都是一些猜测和假设。但现代科技成果表明，在古人猜想中，有不少闪耀着智慧火花的看法相当接近现实。特别值得注意的是古人提出的各种问题，至今以至将来仍是人类孜孜探求的基本问题。古人的想象空间无疑远远大于古代人类认识和改造世界的领域。如现代的每项重大发明，几乎都是前人梦想的实现升上蓝天、登上月球、潜入海底、瞭望千里等，在其成为现实之前，无一不在人类的脑海萦绕了数百年甚至数千年。

总之，在准备阶段，要经常上网查资料、广泛阅读，多做笔记，常与他人交谈，探讨问题收集情报，同时要善于广采博纳，吸取有益之处，使之成为你驰骋想象的出发点。

（二）酝酿期

这是创新过程的运作阶段。酝酿阶段是对各种材料进行深入细致的分析，进行消化、吸收，并提出问题和解决方案的过程，这一过程是创造性思维过程中最为艰苦的阶段，也是智力和意志活动付出最大努力的阶段。在这个阶段中人的潜意识起着十分重要的作用。

在这一过程中创造者常常是冥思苦想，几乎调动了大脑中所有相关的知识和智力，反复尝试和评价，思维时而发散，努力提出新的假设、方法、方案；时而集中，对个别方法、方案、思路进行验证和评价。这一过程中，头脑中始终难以出现一个明确、清晰而又可行的方案，但有时常有一些不很成熟的念头闪现，好像答案就在眼前，仿佛抓住了解决问题的钥匙，但一时理不清头绪，难以准确把握；有时又百思不得其解，好像走进了死胡同。人在这时往往精神高度兴奋，情绪激动，茶饭不香，心情不定。这个时候要冷静下来，客观、理性、科学地分析遇到的问题，甚至应暂时把思考的问题搁置起来，依然从事正常的工作。这种表面的中断，并不意味着思考的中断；反之，自己头脑中的潜意识还在积极地、断断续续地进行。正是这种潜意识，往往孕育着新观念的重大突破。虽然这一阶段比较辛苦，但恰恰是这一阶段的苦苦思索，才使得创新者常常是在问题真正解决之后获得了无比的快乐。酝酿阶段的时间长短不一，这取决于创新任务的准备程度、复杂程度，也取决于创新者的知识、经验、智力、创造力水平以及努力程度的大小。一般来说，创新目标的独创性越高，酝酿构思的难度越大。

平时有的学生常常能在很短的时间想出一个新颖的设计方案、一个巧妙的解题思路，而作为真正的科学创造往往要经历漫长的酝酿期，如：爱因斯坦1905年创立狭义相对论之前，曾经进行了"十年深思"，此后又经过了"十年深思"才创立了广义相对论。所以创新需要持之以恒、坚持不懈，或需要改变思路、再辟蹊径，或需要与人讨论一番，启发灵感，方能奏效。

在创新过程中，创新者一定要注意，留出充裕的酝酿时间。虽然你的大脑已经停止了积极的活动，但是，你的大脑仍在继续运转处理信息，使信息条理化，最终产生创新的思想和办法。当你在从事你的工作时，你从事创新的大脑仍在运转着，直到豁然开朗的那一刻，酝酿成熟的思想最终会喷薄而出，出现在你大脑意识层的表面上。最常见的情况是这样的，当参加一些与某项工作完全无关的活动时，这个豁然开朗的时刻常常会来临。

如果思考的问题总是悬而未决，那就暂且把它搁置下来，转换思维的方向和环境，或去学习和研究别的问题，过一段时间再回到这个问题上来；或不自觉地使你回到原题上来，有时就会突然悟出解决的办法。"文武之道，一张一弛。"长期紧张的用脑思索之后，辅之以体育活动、文艺活动或散步、赏花、谈心、下棋、看戏、沐浴、洗衣等，有意识地使思维离开原题，让大脑皮质的兴奋与抑制关系得到调剂，才能有效地发挥潜思维的作用，促使灵感的顿发。

为了把自己调整到创新的状态上来，你必须从你熟悉的思考模式以及对某事的固定成见中摆脱出来。为了用新的观点看问题，你必须能打破看问题的习惯方式。为了避免习惯的,智慧"的束缚，你可以用以下几种技巧来进行酝酿。

1. 群策攻关法

群策攻关法是艾利克斯·奥斯伯恩于1963年提出的一种方法，它建立在与他人一起工作从而产生独特的思想，并创新地解决问题的基础上。在创新攻关期间，一般是一组人在一起工作，在一个特定的时间内大家提出了尽可能多的思想但并不对它们进行判断和评价，因为这样做会抑制思想自由地流动，阻碍人们提出建议。批判的评价可推迟到后一个阶段。应鼓励人们在创新地思考时善于借鉴他人的观点，因为创新的观点往往是多种思想相互作用的结果。

2. 创造"大脑图"

"大脑图"是一个具有多种用途的工具，它既可用来提出观点，也可表示不同观点之间的多种联系。你可以这样来开始你的"大脑图"：在一张纸的中间写下你主要的专题，然后记录所有你能够与这个专题有联系的观点，并用连线把它们连起来。让你的大脑自由地运转，跟随它一起去建立联系的活动。你应该尽可能快地工作，不要担心次序或结构。让其自然地呈现出结构，反映出你的大脑自然地建立联系和组织信息的方式。一旦完成了这个工作你就能够很容易地在新的信息和你不断加深的理解的基础上，修改其结构或组织。

3. 做好梦境记录

梦即"寐中所见事形也"。梦是一种主体经验，是人在睡眠时产生想象的影像、声音、思考或感觉，通常是非自愿的。也是一种神经行为，有人认为是人的意识突显。

人类发明创新史上出现过许多在睡梦中获得技术性突破从而实现发明创新的实例。为什么梦中可以产生创新灵感和创意呢？

莫斯科谢切诺夫进化生理学和生物化学研究所的研究人员发现，在睡梦中，人的大脑并未休息，而是在积极活动，它将一天积攒起来的信息加以系统整理，筛去一些鸡毛蒜皮的小事，重点关注那些大事，然后分别存放在各记忆孔里。我们的大脑与电脑一样，是在对不眠时候所获得的信息进行加工，结果其信息以信号和某种形象用非寻常的途径从另一方面获得。正是这种别出心裁的认识世界的办法帮助做梦人找到了处于未眠状态下长期苦苦思索的答案，于是产生出很多料想不到的解决问题的办法。梦的力量就在于做梦时大脑是从非传统的另外一个角度来看问题，而且问题往往得到解决。然而，就像是阳光下的露水会被蒸发掉一样，梦是很容易被忘记的。为了抓住你的梦，不妨经常在梦醒时分，把你所能回忆起来的梦的情景记下来。

1592年，日本入侵朝鲜，击沉了朝鲜人的不少战船。就在这个节骨眼上，朝鲜海军将领李舜臣做了个梦，梦见有一只龙头海龟嘴里在向外喷火任何刀剑都无法穿透其龟甲。李醒后马上吩咐造船工人去建造一艘由包上铁甲的粗大松木拼成的铁甲舰，舰首形似龙头炮火从"嘴中"射出，世界上第一艘铁甲舰由此诞生，正是凭借铁甲舰，朝鲜击退了倭寇的进攻。

海湾战争期间，美国军队急需大量用纤维B制成的防弹背心，可偏偏这个时候，"杜邦"公司生产这种纤维的机器出了故障。生产每停顿一分钟公司就损失

70美元，战场上还不知有多少士兵丢掉性命。工程师们赶忙卸下机器检查，但找不出故障所在。其中一位叫弗洛伊德·雷格斯戴尔的工程师紧张劳动一天后夜里做了个梦，在他的睡梦中不时出现软管、弹簧和水雾化器。早晨醒来后，他赶紧在一张纸上写上"软管""弹簧"两个词。雷格斯戴尔通过琢磨这两个词，猜想可能是机器里水冷却使软管的管壁收缩导致供水停顿，进而热继动器中止整个工作过程。如果在软管里面装上螺旋弹簧，则可以防止其收缩。纤维B的生产终于得以恢复。就这样，雷格斯戴尔的一个梦为"杜邦"公司起码挽回了300万美元的损失。

（三）顿悟期

这是创新过程的收获阶段，常常被称为"直觉的跃进""思想上的光芒"。顿悟是与直觉和灵感具有一定联系的思维现象。顿悟原为佛教用语，大意是指顿然破除妄念，觉悟真理，这里借指在创新过程中酝酿阶段的终结。在经过长期酝酿之后，因为某种机缘或是受到什么意外的刺激，使一些长久未能解决的问题在须臾之间"茅塞顿开"，出现"灵感"，解决方法也很快浮出水面。进入这一阶段，问题的解决一下子变得豁然开朗，思维范围扩大，呈现出柳暗花明的新局面，以往百思不得其解的难题，瞬间得到破解真可谓"踏破铁鞋无觅处，得来全不费工夫"。

灵感的到来相当富于戏剧性，它有时是逐渐到来的，有时又不期而至，更有时是突如其来的闪电般的光临。历史上许多重大的发明、发现都与灵感有关。当然，灵感的孕育产生要以艰苦探索和思考历程为底子，是种种生理因素调和运动的结果。灵感并不是天才所专有，在我们日常生活、学习中也通常会出现灵感突现的时刻。突发灵感时人的注意力高度集中，想象力非常丰厚，思考分外迅速，知识提取和迁移的难度大大降低，同时情感也非常高涨，整个心智运动状态处于最佳程度，所以这一阶段是创新的要害阶段。

我们不能一味地等待灵感的出现，时机通常垂青于有准备的人。为了灵感的出现，我们平时除了学习积累丰厚的知识，还要注意培养对科技创作的兴趣，引发探索与创新的动机。

必须指出，顿悟和灵感绝不是什么神秘的东西，也不是无法说清的东西。它同前面的准备和酝酿是分不开的。顿悟如果离开人们长时间的实践，离开高度集中化与紧张化的思考，是不可能产生的。它是一个人长期实践、长期思考、艰苦劳动的产物。

在这方面，最著名的例子恐怕就是希腊思想家阿基米德。当他在洗澡时，豁然开朗的那一刻来到了，他光着身子跑出来，穿过雅典的街道，大声喊着："我找到了！"在生活中，你在某种程度上肯定也有过这种"我找到了"的体验。有时候，尽管人们绞尽脑汁也想不起来一个人的名字或重要的细节。在这种时候，如果你停下来，不去想这个问题．把你的注意力转移到其他的事情上，你常常会发现这个百思不得其解的问题，会突然出现在你的脑海中，仿佛你在大脑中编了一个计算机程序，它不停地进行扫描、处理直到答案突然出现在屏幕上。

有时候，创新确实是一层"窗户纸"，捅破它非常容易，关键是很少人能够发现它！回想一下，由于你没有给大脑留出足够地完成工作的时间，所以与创新的思想和有见地的战略擦肩而过，你就会感到创新作为一个自然的过程不能被缩短或删减，这是你对创新的过程尊敬的表现。

如果豁然开朗的那一刻不出现怎么办？如果你竭尽全力，按照所有的步骤为你创新的园圃整地施肥，那么，有新意的思想一定会破土而出，你看见这个创新的过程运转的次数越多，你的信心就会越大。请想想生活中你曾有过的"我找到了"的时刻，并在你的"思考笔记本"上把它们记下来。这样做不失为一种解决问题的独特的方法以及一条实现目标或提出有新意的观点的好途径。创新的"本质"具有这样的特点，你越是想强迫它运转，它就越是不露面。因而你需要放弃你意识的控制，让创新的"本质"用它自己的方式去运作、去创造奇迹。

有时候，在创新过程中，创新者需要从不同角度转换思路，也许稍微改变一下思路，就会得到另一个结果。有这样一则故事：人们听说有位大师用了几十年的时间练就了移山大法，于是有人找到这位大师，央求他当众表演一下。大师在一座山的对面坐了一会儿，就起身跑到山的另一面，然后说表演完了。众人大惑不解。大师微微一笑，说道："事实上，这世上根本就没有什么移山大法，唯一能够移动山的方法就是：山不过来，我就过去。"

（四）检验期

这是创新过程的反思阶段。只有通过验证，才有可能证实创造成果的价值。豁然开朗阶段之后，创造性思维已经获得了初步的思维成果，提出了一定的假设和解决问题的方案，但毕竟灵感不等于逻辑思维，通过灵感获得的结果也未必合理，所以还要通过严密的逻辑推理或实验与操作对这一结果的合理性进行检验。我们可以把新的设想付诸实施，如实验、制作、实践等，还可以通过严密的逻辑推进检验那些新设想是否合乎逻辑，是否完善、周密。在验证过程中，我们可以发现原有设想的不足和缺点，可以对其进行修正、补充，使其逐步完善，也可能这一假想经受不住考验被全盘否定，但在这一过程对材料进行了深入细致的分析与思考，为新思路的提出奠定了坚实的基础，同时这一次的失败为下一次的思考也提供了有益的经验和教训。任何创新过程，不受一点挫折，不经一点反复，不作一点修改，一举就能获得圆满成功的可能性是不存在的。如果说在豁然开朗阶段我们要保持高涨的情绪和高昂的斗志，那么在验证阶段我们则需要保持清醒的头脑，镇定的情绪和冷静、周密的思考。

随着创新过程的深入，对创新者的要求也越来越高。在这一阶段，创新者应具有较高的观察力和分析力，善于发现和判断有时看来是微不足道的，但对创新却又是很重要的问题和事实。在这一阶段，创新者要把研究的东西与预期的结果加以系统对比，用逻辑来检验科学的假设。如果事实与假设不一致，就应果断地否定原来的假设；如果假设不可靠，虽然诱人，也只能忍痛割爱，代之以新的假设，再检验新的假设。这种检验假设的工作往往要反复进行许多次。

创新是一种高度创造性的劳动，创新成果是否具有科学性，必须经过实践的检验。诺贝尔奖的科学精神就是"创新、求实、献身"。所以，诺贝尔奖的颁发，一般都在科学创新之后十几年，为的是有足够的时间去检验科学创新的成果。

验证创新的结果有时会以失败而告终。但是，失败并非毫无益处，它对创新具有特殊的意义。第一，可以使创新活动少走弯路；第二，可以减少或避免人力、物力和资金投入上的浪费；第三，有时失败的经验比成功的经验更重要，失败中的发现要比成功中的发现多得多；第四，失败是成功的基石，失败孕育成功。法拉第说过：公众很少想到，在科学家的大脑中有那么多的思想和理论，由于他们自己的严格批评而销声匿迹了。在最顺利的情况下，也只能证实猜想、希望、愿望和预先推论的十分之一。因此，创新者绝不可因为验证失败，就匆忙将创新"判死刑"就此了之。常常有这种情况，有人认真研究了别人的创新项目被"判死刑"的原因，并拿来进一步研究完善，结果毫不费力就取得了创新成果。

创新过程这四个阶段并非泾渭分明，也绝非在任何创造活动中都缺一不可，它们只是体现了创新的大致的一般过程，但绝非是创新活动的全部。在创新过程中，还包括创新报告的撰写过程、图页的绘制过程、作品的制作过程等。在创新的指导过程中，教师应根据学生思维所处的不同阶段，因地、因时、因人、因事全面合理地进行指导。

二、创新过程的主要特点

（一）做好充分的准备工作

创新思想不是凭空产生，而是来自艰苦的工作、学习和实践。

创新往往是一个经历曲折和艰难的过程，缺乏必要准备的人，难以到达理想的终点。因此，乐于创新的人要有经得起失败和挫折的心理准备，同时要拥有丰富的知识，健康的身体素质，能够承受巨大的、恶劣环境的压力。

亚历山大·弗莱明发现青霉素的过程，可以说是对创新过程的第一个阶段作了最好的说明。发现青霉素从表面上看来似乎是一系列偶然的巧合。虽然弗莱明多年来一直试图发现防止细菌传染的方法，但是，直到有一天，他鼻子里的一滴黏液恰巧掉在了一个盘子里，而在这个盘子里，恰巧盛有他一直用来做实验的溶液。这两种液体的混合导致了抗生素的初步产生，但是，它的效力还很弱。7年以后，一只四处游荡的孢子飘进了他开着的窗户，落在了他实验室内盛有相同溶液的盘子里，产生了人们今天熟悉的抗生素，即盘尼西林。但这个发现并不是只靠运气,弗莱明为寻找有效的抗生素已经苦苦奋斗了15年,当这些偶然性来临时,他能意识到其重要性,并果断地抓住它们。

马克思写作《资本论》用了40年;哥白尼的《天体运行论》从写作到发表,前后用去30年;李时珍耗尽毕生精力,经过30年努力,亲自考察、验证、撰文、绘图和刻书,完成巨著《本草纲目》。类似的事例在人类发展史上屡见不鲜。

(二)保持注意力的高度集中

最大限度地集中注意力,保持思索问题的最佳状态,这是创新过程的关键。只有让思想隔离外界的纷扰而完全集中在一件事情上,才会产生伟大的思想结晶。俗话说:"一心不能二用。"每个人的精力是有限的,创新是极为艰难的高智力、高强度的劳动,更需要全身心地投入。

人们可以通过以下几种方式集中自己的注意力。

1. 增强环境的适应性

当人们进入教堂,就会立刻使自己适应这里的气氛,表现出恭敬和虔诚。你可以用同样的方式来调节你在学习环境中的注意力,在选择学习环境时,要考虑到它是否有利于你专心;同时,要放松情绪,放平心态,以积极的心态去适应环境,这样便于自己开始创新过程。

2. 培养良好的心理习惯

人格中包含着大量的习惯性行为,有的是积极的,有的则是消极的,大多数则居于两者之间。学习全身心地集中和投入,往往意味着要打破影响你全身心投入的习惯,如总想同时做好几件事,或用有限的时间去完成很重要的任务。同时,培养专心致志的能力,也包括要养成新的心理习惯,如可以找一个合适的地方,调配足够的时间,以及进行认真的和有创新的思考。这些新的习惯可能需要你付出更大的努力,耗费更大的心血,但是,这些行为很快就会成为你自然的和本能的一部分。

3. 经常进行冥想练习

你的大脑充斥着思想、感情、记忆、计划,所有这一切都在想引起你的注意。在你整日沉浸于来自方方面面的刺激,需要从身心上做出反应时,这种大脑"吵架"的现象更为突出。为了专注你创新的工作，你需要净化和清理你的大脑。做到这一点的一个有效的方法就是排除各种"私心杂念"，做冥想练习。

4.时刻做好思想准备

为了点燃你创新思想的火花，还有一个重要的因素是你的思想要时刻做好准备。这也可能就是赫拉克利特所说的"期望出乎意料的东西"这句话的含义，以及希腊戏剧家索福克罗斯写的"观察你就能有所发现——不观察，什么东西都不会发现"这句话时，他脑子里想表达的意思。你需要训练你的大脑做到专心，这样才能有很高的工作效率。为了从你创新的"本质"中捕捉一些细微的信号，你需要使你自己变得更敏感。这是使你认识到你的创新自我的一个有用的方法，它存在于你的"本质"，你未污染的自我，你的核心，你真正的人格之中。用心理学家阿瑟·考斯特勒的话来说就是："创新的大脑是意识和下意识之间不同层次的统一体。作为'考古学家'，人们有时候必须进行挖掘，去发现人们的创新力。"

（三）打破传统的思维定式

受环境和经验的影响一个人常常容易形成一种思维定式，这种思维定式不打破，就会束缚创新过程中所遇问题的有效解决。这时一种有效的办法是把问题暂时搁置起来，使自己松弛下来，或转而思考其他问题，或与他人讨论交换意见，这样有助于摆脱习惯思维，有助于打破思维定式，使问题得到解决。

特别值得指出的是，对你的创新最大的威胁来自你自身，即自我"否定之声"。"否定之声"可以损害你对生活的每个领域的自信，包括你创新的活动，具体表现为以下的言论："这是一个愚蠢的主意，没有人喜欢它。"即使我能努力实现这个想法，它或许不值得去做，虽然上一次我经过努力成功了，我很幸运，但我以后不会再去这么做了，这些说法以及无数与此类似的其他说法，使人们对创新的思考能力产生怀疑，对人们的自尊产生很大的负面影响。当你失去了自信时你就会变得胆怯，不愿意坚持你的观点，并提出来与他人讨论。用不了多久你的这种缺乏自信的态度就会阻碍你提出新的观点，你就只能固守原有的思维模式，迎合他人的期望。

那么，这些消极的声音来自何方？通常它们来源于你成长过程中所经历的消极的判断，即那些具有毁灭性的批评，长此以往，这样的批评就会内化为你的一部分。同样，对孩子多表扬有助于他们获得自信和安全感，而老是批评他们就会产生相反的结果。实际生活中，虽然父母、老师和朋友习惯于批评指责，不喜欢多表扬，他们这样做的本意并不是想有这些消极的后果。但是，后果仍然是一样的："否定之音"不断地磨损着你的价值观、你的思想和你的创新。作为一个老师，当学生们交上有创新的作业时，他常常会听到这样的抱歉："我做得不好，它可能没有达到您的要求。"由此可以看到"否定之音"对学生造成的危害。像这些贬低自己的话立刻会给他人传达出这样的信息：你对自己缺乏自信，但更重要的是，它们会降低你的自尊。请认真地听听你使用的语言，因为在沟通中，你选择的词语能揭示你是谁，并形成你与他人的关系。

（四）借助直觉、灵感和想象力

人们在认识问题和处理问题时，比较多地采用逻辑思维（运用概念、判断、推理等进行思维）和形象思维，而在创新过程中的关键时刻的思维形式则常常采用非逻辑思维，最多的是直觉、灵感和想象。可以肯定地说，直觉、灵感和想象在创新过程中，具有特殊而重要的地位。一个缺乏直觉、灵感和想象的人，不会取得重大的创新成果。

例如一个成功的企业家，在创新经营决策时掌握大量的第一手资料，进行精确的数字分析都是十分必要的，但是相当多的时候，要求企业家必须在信息资料不足、时间紧迫情况下进行决策。在这种情况下，依靠推理、判断等逻辑思维方法往往难以奏效，往往需要依靠非逻辑思维来实现，特别是直觉、灵感和想象，需要企业家根据自己的经验来洞察事物，把握事物的本质，预料事物的前景，抓住时机，果断决策。这时要问其有什么理论和事实根据，一般是难以回答的。

创新的思想火花一旦出现，将令人为之一振。然而，这个时刻只是标志着创新过程的开始，而不是结束。如果在创新的思想出现时，你意识不到，不能对其采取行动，那么，你脑子里出现的创新思想就没有丝毫的用处。在现实生活中，经常会有这样的情况，当创新的思想火花出现时，你并没有给它们以极大的关注，或者认为不实用而忽略了它们。在人类发展史上，许多有价值的发明一开始似乎都是些不大可能的想法，被流行的常识所嘲笑和不齿。例如，尼龙粘扣的想法就来源于发明者穿过一片田地时粘在他裤子边上的生毛刺的野草。1928年，一个初出茅庐的会计师在业余时间用树胶的处方做实验，无意间做出了第一批口香糖。

要想得到直觉、灵感和想象，必定要使自己的全部创新力量处于升华状态，全身心集中在创新客体上，使思潮有如汹涌澎湃的波涛，冲击着自己的心灵，冲击着创新客体。这样，直觉、灵感和想象也许会在梦中悄然而至，也许会在苦思冥想中突然出现，也许会附着在一种奇异现象上给你一个意外的惊喜。

第二节 创新教育的实施条件

一、创新教育的任务

创新教育是各级各类教育的共同要求。不同层次、不同类型的学校，由于他们培养人才的目标和规格有所区别，他们的教育手段和培养方法也不相同，他们对教育对象的要求更不一样。心理学家研究发现，在18~25岁年龄段，是人创新能力发展达到最活跃的阶段。而这一阶段学生正处于接受高等教育阶段，其个性已基本形成，特别是自我意识增强、情感丰富、意志力坚强并具有目的性。因此，在高等职业教育中进行创新教育的根本任务，就是要培养学生的创新精神、创新思维和创新能力，为提高民族的创新素质服务，为培养高素质、高端技能型人才打下广泛的、深厚的基础。简言之，创新教育的任务就是培养学生的创新素质。创新是一种综合素质，是一种积极开拓的状态，是潜在能力的迸发，就其实质而言是人的自由全面发展的结果。它主要由三方面要素构成：一是创新人格属动力系统，包括强烈的动机、自主性、主动性、好奇性、挑战性、求知欲等，还包括创新责任感、使命感、事业心、执著的爱、顽强的意志、毅力，能经受挫折、失败的良好心态，以及坚忍顽强的性格，这是坚持创新、做出成果的根本保障。二是创新思维，属智能系统，包括思维的敏锐性、流畅性、变通性、发散性、独创性等。三是创新技能，属工作系统，包括具备作为创造基础的基本知识技能、具有获取和利用知识信息的能力、操作应用能力和一般创造技法等。以上三要素紧密联系，缺一不可。

二、创新教育的认识误区

创新教育的定位可以是多维度的，其中认识定位就是一个十分重要的方面。在创新教育的认识上教育实践界存在许多误区，澄清这些模糊认识对学校创新教育实践有极为重要的意义。

（一）创新只是少数天才学生的事

许多教师以为创新是人的高级智慧，非一般学生所能拥有。其实，创新是人的本性，人人都具有创新的潜能与倾向；创新是人生存的需要，只要人存活一天就片刻也离不开创新。问题的关键是我们后天的教育是否尊重、保护并培育了这种潜能，激发、促进并满足了这种需要。《学会生存》曾指出，教育既有培养创造精神的力量，也有压抑创造精神的力量。人的创新精神与能力不完全是由先天因素决定的，后天的教育因素也是重要的决定力量。所以，创新教育应具有全体性，应面向每一个学生。高等职业院校的学生，走上工作岗位之后，大多数是从事生产、服务一线的工作，将面临许许多多工作中和技术中的难题。"人人都是创新人才"观念的树立一定会增强他们的信心，助推他们在岗位上向创新型人才发展。

在创新时代，创新职能不再是由少数天才来承担，它呼唤每一个成员都要具备主动进取的创新精神，具备独创思考的创新本领。今天，全员创新是大变革时代对企业的必然要求，是决定组织生死存亡的核心竞争力！也是创建创新型国家的关键所在！

（二）创新只是自然科学的事

许多人以为创新就是科学发现、技术发明，只有科学教育才能培养人的创新精神与能力。实际上，不仅自然科学需要创新，社会科学与人文科学同样需要创新，特别是在科学技术的负效应日益显现的今天，科技创新与人文创新更应平衡发展，使未来社会既是高智力的，又是高情感的。不仅如此，自然科学创新也离不开社会和人文思维方式的支持。譬如，长沙九中谭迪敖老师的"哲理式训练"，既是一种人文创新训练，同时又支撑了科学创新精神。所以，创新教育应具有全域性，面向每一门学科。

（三）创新只是课外活动的事

也有许多教师以为，课堂教学的任务就是传授知识，发展知识是课外活动的事。实际上，这种区分是人为地割裂了传承与创新之间的内在联系。创新是整个教育模式、教育制度和教育观念的全局性改变，并不是局部的修改和增减，它应贯穿于课堂教学、实践教学、课外活动和日常教育生活等方方面面，成为全部现代教育的精神特质，局部性的教育创新不可能是真正意义上的创新教育。在高等职业教育中，课堂教学仍然是创新教育的主渠道，也是学校教育改革的着重点；情景教学、模拟仿真等实践教学均是创新教育的重要载体和途径。

（四）创新只是智力活动的事

还有一些人认为，创新是一个人的智力表现，高智力必然会有高创新。这也是一种错误认识。创新不仅是一种智力特征，更重要的还是一种人格特征或个性特征，是一个人综合素质的凝结性表现，是一个人的自我超越和自我发展，是一个人潜能和价值的充分体现。在人的智力水平相当或恒定的情况下，非智力因素往往起着决定性的作用，许多有创新精神的人并非智力超群，而是非智力的人格特征出众。纵观一些颇有建树的发明家，他们并不是一生下来就聪明伶俐、天资过人。单纯的智力活动只能培养匠人，而不可能培养大师。所以，创新教育还具有综合性，是个体生命质量的全面提升。

(五)创新只有正面的效果

几乎所有的人都认为创新是"正面的""好的"事情,人们可以尽情地去追求。殊不知,创新是一把双刃剑,它既可以成为天使,也可以成为魔鬼;既可以为人类造福,也可以使人类致祸。现代社会的高级犯罪有哪一宗不是创新的结果呢?创新只是工具,并不是方向本身,创新还不能单独成为目的,创新教育也不能代替现代教育的全部,它必须与道德教育整合,培养人的同情心和责任感,把人的创新精神与创新能力引向为人类造福的方向上来。所以创新教育具有双面性,现代教育必须致力于相互整合,兴利除弊。

三、创新教育的基本特征

(一)特异性

首先,特异性表现在学生的创新与人类总体创新(包括专家学者的创新)相比,有共同的一面,亦有其不同的一面。共同的一面是探新、改革,有所创造,有所前进,而不是模仿、照搬、套用。但学生创新与专家创新不同,尤其是学生的一般创新,从社会或科学发展的角度看并不算是真正的发明或发现。他们的创新只是相对于自己原有的水平而言,或相对于同学群体的水平而言,确有新的开拓与前进,提出了个人独到的见解,有独特的做法、解法,其目的主要不是为了追求发明、发现什么人类尚未发明、发现的东西,而是为了培养创新精神、能力和人格。其次,特异性还表现在不同学段、年级的学生以及不同的学生个体都有其特点,不可机械划一,强求一律,以免扼杀个性,扼杀学生个体的创造性。

(二)探究性

创新教育离不开对问题的探究。应当看到在教学或教育活动中,如果没有对问题的探究,就不可能有学生主动积极地参与;不可能有学生的独立思考与相互之间思维的激烈碰撞而迸发出智慧的火花,学生的思维和能力也就得不到真正的磨炼与提高。总之,没有探究就不可能有创造性的学习与应用。因此,探究是进行创新教育关键的一环。教师应当鼓励学生独立思考、积极探索、鼓励其提出独到的见解、设想与独特的做法，完成富有个人特色的创造性作业，并注重让学生在探究的过程中不仅扩充个人的知识视野，而且形成探究的兴趣和善于进行创新性思考的习惯，进而养成创新人格。

（三）宽泛性

创新教育不是狭隘、自我封闭、自我孤立的行为，它不应被局限于课堂上，束缚在教材的规范中，也不应被限制于教师的指导与布置的圈子内。若按传统做法自我封闭、自我孤立，充其量只能按教师的要求掌握书本知识，哪能在学习与实践中有什么创新呢？创新型的教育活动是注前生动活泼地联系学生的生活实际，联系社会生活的实际，联系当代世界社会、经济、科学技术和文化发展的实际。一方面大量吸收有关的新信息、新知识，使教育内容反映学科的最新发展状况，并不断地使之充实与更新；另一方面引导学生运用知识于实际，去解决各种具体问题，使学生从中获得丰富而实用的新知。学生学习上的开放，对创新更为关键，教师引导和鼓励学生突破课堂教学的局限，根据自己的兴趣与爱好，通过课外阅读、参与课外活动来扩充知识，扩大视野，经受各种锻炼。只有这样才能使学生开阔视野，增长知识，集思广益，重组经验，发挥出创新的潜能。

（四）包容性

创新要求有包容的环境与氛围。学生只有感到宽松、融洽、愉快、自由、坦然，没有任何形式的压抑与强制，才能自由与自主地思考、探究，提出理论的假设，无所顾忌地发表见解，大胆果断而自主地决策和实践，才有可能创新与超越。如果没有包容，学生感到有压力，担心不安全，时时处处小心翼翼、顾虑重重、如履薄冰，一味看教师或领导的眼色行事，个人的聪明才智与激情都被抑制，只能表现出依赖性、奴性，愈来愈笨拙与迟钝，也就根本谈不上任何创新。故包容性是创新教育不可或缺的内在特性。

（五）超越性

《来自心灵的奇迹》中有这样一段话：要打败无论遭遇何种阻碍都已下定决心赢得胜利的对手是非常困难的一件事。由此可见，往往我们自己认为不可能是导致我们失败的一个主要的原因。创新教育在本质上是引导和激励学生不断超越与前进的教育。它包括超越遭遇的困难、障碍去获取新知；超越令人不满的现状去改造世界，建设新的生活环境；超越现实的自我状态，使自己的能力和修养得到提高。如果在教学与教育中只能平庸地按常规、按教参、按惯例行事，不能朝气蓬勃、满怀激情地引导学生对种种困难、障碍、现状发动冲击，进行探究、突破，实现超越，就不可能有进步与创新。

（六）实践性

培养创新人才就像培养高水平体育运动员队伍，既要选有发展潜能的苗子，又要有优良的训练环境和条件，还要有高水平的教练员队伍，更重要的是运动员需要经过不断的科学训练和多次的竞赛过程，才有可能进入奥林匹克比赛去创造佳绩、刷新纪录。

创新教育特别注重实践性。在创新教育中，优秀学生需要在高水平导师指引下，提出问题、探索新知，在良好的研究环境和条件中，经过多层次不断提升的创新性研究实践，反复强化创新意识、提高创新素质和能力，逐步取得创新成果，享受创新的喜悦。因此，在高校中，我们要根据学生的不同特点和学科所处的不同发展阶段，为不同学生提供个性化的创新性实践平台和发展空间。比如依托有国际影响的学术大师设立的理论强化班，依托高水平专业群和学科群设立的新技术培训班，依托重大科研课题把学生带到学术前沿，举办形式多样的活动促进学生学术交流等，都是创新教育的实践性的有效模式。

四、实施创新教育的依据

（一）马克思主义关于人的全面发展理论为创新教育体系的形成提供了主要理论基础

人的全面发展应包括以下三个方面：第一，人的个性心理的全面发展；第二，人的社会属性即德、智、体、美、劳诸方面的全面发展；第三，人的潜能的全面发展。也就是说，人的全面发展的实现只有在生产力高度发达，社会物质产品极大丰富的社会里才有可能。人的发展内涵亦决定了人的全面发展的实现是个过程，而且是一个永无止境的过程。人的全面发展必然是一个与社会生产力、经济文化、自然生态持续发展相互协调、逐步提高的历史过程。人的全面发展的实现必须通过现实达到的途径逐步向前推进，每一时期基本目标的实现，都是向最高目标的迈进。人越全面发展，就会创造越多的社会物质文化财富，人民的社会生活就越能得到改善；而社会物质文化条件越充分，就越能推进自己的全面发展。

（二）思维的科学发展揭示了创新思维是人类思维演进的必然趋势

科学的发展史，也是一部思维的发展史。在人们的社会实践中，正是思维提供了客观世界的真实情况和运动规律，从而推动了科学的发展。而科学的发展，又对人类的思维提出了更高的要求。这种周而复始的螺旋式前进，使人类的思维经历了一个从低级到高级、从简单到复杂、从具体到概括的发展历程。在每一个历史阶段中，人类的思维都有着不同于以往的发展、变化和革命性飞跃。科学的发展史，不仅是一部思维的发展史，也是一部人类社会的创新史。人类的创新能力正是在思维发展的过程中得以不断发展和提高的。正因为如此，思维科学的发展为人的创新思维能力的培养提供了重要的理论依据。

（三）教育规律为创新教育提供了重要理论依据

创新教育并没有脱离教育的过程。所以，它必须符合教育规律的要求，否则就行不通。教育规律为创新教育提供了重要理论依据。

直接经验与间接经验相统一的教育规律提出了创新教育的要求。人们认识客观事物主要有两条途径：一是直接经验，二是间接经验。学习间接经验是人类认识的基本途径。所以，教师在教学过程中一定要创造性地传授间接经验，把间接经验转化成学生易于接受的直接经验。这样，学生就能把书本的知识理解消化，并进行创新。

传授知识与思想品德教育相统一的规律要求创新教育。知识是思想品德形成的基础。教师要把教材中的思想品德创新点挖掘出来，引导学生从知识中汲取营养，在学习中培养创造能力，在情感中产生共鸣，逐步形成科学的思想观点、信念和行为习惯，良好的思想品德对学生掌握知识起方向和动力作用。

教师主导与学生主体相统一的教学规律要求创新教育。在教学中，教与学是辩证统一的。教师的教要依赖学生的学，如果学生不肯向教师学，教师就无法教，不能完成教的任务；学生的学要靠教师教，如果教师不努力教学生，学生就学不好，也难以完成教学任务。只有具备创新意识和能力的教师，才能吸引学生，做到教与学的和谐统一。

五、实施创新教育的条件

实施创新教育的主要条件分为主体与客体两个方面。

（一）主体条件

1.创新教育需要教师具备创新素质

由于教师在教学中的重要地位，创新教育首先需要教师具备创新素质，我们可把具备创新素质的教师称作创新型教师。创新型教师是指那些具有创新教育观念、创新思维能力和创新人格，积极吸收最新教育科学成果，善于根据具体教育情境，灵活运用各种教育方法，发现和培养创新型人才的教师。在以培养学生创新能力与实践能力为重点的现代教育中，创新型教师的培养显得尤为关键。他们的创新意识与创新能力对培养学生的创造力至关重要，他们能够认同并鼓励学生的创造性，善于激发学生的创造潜能，承担着培养创新型人才的神圣使命。

创新型教师应当具备以下基本素质。

①正确的教育观念

教师的教育观念作为教育工作的心理背景，在很大程度上影响教师的知觉和判断，进而影响他们的教育态度与行为。以创新精神和实践能力为培养重点的素质教育，要求教师要树立新的目标观，即教育的最终目标是造就创新型的人才；要确立新的人才观，即人才是能独立思考、敢于竞争、敢冒风险，具有开拓创新精神，能推动事业向前发展的人；要树立新的学生观，鼓励学生标新立异，培养其思维的多向性、批判性及人格的独立性；要确立新型的师生关系观，建立一种民主、平等、合作的师生关系；还要确立现代课程观，树立大课程的观念，在重视基础性课程的同时，重视拓展性的探索性课程；在重视学科课程的同时，重视活动课与综合实践课程等。

②高度的敬业精神

敬业是教师对自己所从事的工作发自内心的热爱和崇敬,具体体现在教师对教育事业的热爱,对学生的热爱,对所教学科的热爱。敬业精神越强,表现出的创新才能越充分。应当讲,高度的敬业精神是教师发挥创造性的前提。

③合理的知识结构

知识是创新的原料,创新是知识的重新组合。因此,创新型的教师必须具备专深与广博相结合的知识结构。创新型的教师首先要具备关于科技、文化等基本知识与现代教育技术手段;其次要具备一两门学科的专业知识与技能;另外还要具备现代教育理论和心理科学方面的知识。这三个层面的知识相互支撑、相互渗透、有机整合,是教师教育行为的科学性、艺术性和个人独特性的基础。

④较强的创新能力

实施创造教育,要求教师具备创新能力,它具有综合性、多层次性,是各种花力的复合体。主要表现为:确定教育教学目标的能力,要把学生共性的要求与个性的特点有机结合起来;设计与实施最佳教育教学方案的能力,要了解和发现学生的创造潜能,遵循学生思想、知识技能以及创造力形成的客观规律来确定有助于学生全面发展的活动方式;总结分析能力,要善于反思和总结自己的教育教学经验并将其上升为理论,善于向他人学习。创新能力不仅是一种智力特征,更是一种人格特征、精神状态与综合素质。这种素质与能力是衡量教师是否具备创造性的关键。

2. 创新教育需要学生具备创新精神

实施创新教育,一方面需要教师在教学过程中逐步构建自己的创新品质,另一方面也需要学生在学习过程中逐步构建自己的创新品质。学生的创新品质主要指创新精神和创新能力。

所谓创新精神是指对学生主体创新意识的引导、强化和巩固而形成的一种内在的稳定的心理状态,外化为一种积极向上、刻意追求新事物的思想和态度。具体来讲,在教学过程中,学生应逐渐使自己具备主动性、独立性、创造性。

所谓创新能力是指学生在创新精神支配下实施创新行为的能力,在此主要指学生的实践能力。学生的实践能力主要包括发现问题、提出问题、分析问题和解决问题的能力,动手操作的能力、参与社会活动的能力。学生要想具备一定的实践能力,就需要在实践中学习,在实践中经受锻炼。

总之,培养学生具有创新精神和实践能力,既是学生进行创新活动应具备的基本素质,又是实施创新教育所需要的主观条件。

(二)客体条件

1. 提升学生创新品质的教材

创新除了具有教师和学生这个主体条件之外,还应具备客体条件,即教材和学习环境。

教材是教学的重要资源。创新教育在客体上依赖拥有创新内容及有助于培养学生创新精神和意识的教材。同时,教师在充分利用已有教学内容之外,还应该对现有的教材内容加以扩充,帮助学生用所学知识分析现实问题,进一步引发学生思考,寻找解决问题的多种途径,从而培养学生的创新品质。

2. 开发学生创新潜能的学习环境

开发学生创新潜能需要建立民主、平等、合作、理解的师生关系。传统教育的师生关系是一种不平等的人格关系,教师不仅是教学过程的控制者、教学活动的组织者、教学内容的制订者和学生成绩的评判者,而且是真理的化身和绝对的权威。在教学中,教师是主动者是支配者;而学生是被动者,是服从者。师生之间不能在平等的水平上交流意见,甚至不在平等的水平上探讨科学知识。在这样的师生关系下,不要说学生的创新能力不可能得到良好的发展,甚至正常的人格也难以得到健康发展。因此,教师要改变居高临下的习惯,真心实意地与学生平等交往,使学生得到尊重和信赖,这样才能激发他们的自尊、自信,唤醒他们的自我意识,使他们生动活泼地成长和发展。另外,教学要民主化。教师是主导,但教师不能主宰。教师要创设宽松和谐的氛围鼓励学生自由思考,自主发现,敢于质疑,引导学生在学习过程中培育创新精神。

第三节　实施创新教育的常见方法

法国生理学家贝尔纳说，良好的方法能使我们更好地发挥运用天赋的才能，而拙劣的方法可能阻碍才能的发挥。因此，科学中难能可贵的创造性才华，由于方法拙劣可能被削弱，甚至被扼杀；而良好的方法则会增长促进这种才华。头脑风暴法、TRIZ 理论、奥斯本检核表法、组合创新法、6 顶思考帽法等是较为常见的创新方法。

一、头脑风暴法

在群体决策中，群体成员心理相互作用影响，易屈于权威或大多数人意见，形成所谓的"群体思维"。群体思维削弱群体的批判精神和创造力，损害了决策的质量。为了保证群体决策的创造性，提高决策质量，管理上发展了一系列改善群体决策的方法，头脑风暴法是较为典型的一个。头脑风暴适合于解决简单的问题，常见于创意行业的广告业、产品名称、销售方案以及决策前的信息搜集等。

头脑风暴法又称智力激励法、BS 法。它是现代创造学奠基人、美国著名创意大师亚历克斯·奥斯本在 1939 年提出的方法。奥斯本是著名的广告公司 BBDO 的创始人，1938 年，BBDO 公司出现危机，流失了很多重要客户和员工。奥斯本为了挽救公司，想出一套"创意"的武器系统，希望利用团队合作，结合业务、文案、设计，让这些不同角色的人员，合力发展出更强、更多的创意。该方法目前已成为创新活动中最常用的方法。

1942 年，奥斯本在《思考的方法》书中第一次公开提出了"头脑风暴"的概念，并提出了开头脑风暴会的 4 个原则。第一个原则：禁止批判。在开会的时候，所有成员自由畅想，相互之间不能批评。第二个原则：独特想法。所有成员都要无拘束地发言，气氛要轻松自由。点子越新奇，越能激发独特创意。第三个原则：量重于质，也就是数量比质量重要。开会的时候，围绕主题，用撒网捕鱼的方式，捞取大量点子。数量越多好点子出现的机会越大。第四个原则：结合改善。1+1>2，多个点子合成可以变成更棒的创意。

另外开头脑风暴会议时，还要注意7个步骤：①确定具体的主题。如果会议的主题是"降低交通事故"，想不出有效解决方案时，就改为"让人人戴安全相"，进一步把主题具体化就会有好点子；②桌子排成四角形，成员围坐成"n"字形。如此发表意见时，每个人的眼神容易交会；主持人要带动讨论；③主持人要掌握气氛，帮助每个人从不同角度思考，鼓励大家热烈发言；④聚集各种领域人才。参加头脑风暴的人数，理想为5~8人，如果成员有与主题相关的专家，最好不要过半。越多不同领域的人才，对生产点子越有帮助；⑤自由发言，详细记录。记录时不可简化、压缩，要逐字记录。只言片语都会是解决问题的线索；⑥休息。会议进行到一段落可以让大家休息后再进行。理想的休息时间是60分钟休息时间可让成员沉淀，从客观角度思考别人的点子；⑦评估。以"独创性"与"实现性"为主，评估所有点子的可行度。尝试结合不同点子，提升点子的可行度。

头脑风暴可以分为直接头脑风暴（简称头脑风暴）和质疑头脑风暴（反头脑风暴）两种。头脑风暴是在专家群体决策中尽可能激发其创造性，产生尽可能多的设想；反头脑风暴是对头脑风暴提出的设想或方案进行质疑，并分析其实现的可行性。

头脑风暴是一种通过小型会议的组织形式，让所有参加者在自由愉快、畅所欲言的气氛中，自由交换想法或点子，并以此激发与会者创意及灵感，使各种设想在相互碰撞中激起脑海的创造性"风暴"。

头脑风暴的基本理念是：要获得很好的点子，首先要获得很多的点子；要获得很多的点子，就要靠点子来激发点子。个体头脑之间风暴式的化学反应，带来了"1+1远远大于2"的可能性。比如，某年美国国防部制订长远科技规划。他们邀请了50名专家，对规划进行了两周的头脑风暴。新报告诞生，原规划文件中只有25%~30%被保留；松下公司是头脑风暴的忠实信徒，仅在1979年内，就获得170万条设想，平均每个员工3条；日本著名创造工程学家志村文彦，也用这一方法帮助日本电气公司，并获得了58项专利，降低成本210亿日元。连接是基础，激发是核心。个体大脑，是知识的子集。子集坐在一起，并不会自动拼成全集。只有遵守严谨流程的"头脑风暴",才能把子集"连接"成全集,然后通过引发联想、热情感染、唤起竞争、张扬欲望的氛围,"激发"新的创意。

头脑风暴法来提高群体思考质量需要遵循的基本原则:①庭外判决原则(延迟评判原则)。对各种意见、方案的评判必须放到最后阶段,此前不能对别人的意见提出批评和评价。认真对待任何一种设想,而不管其是否适当和可行。②自由畅想原则。鼓励参会人员各抒己见,创造一种自由、活跃的气氛,激发参加者提出各种荒诞的想法,使与会者思想放松。③以数量求质量原则。意见越多,产生好意见的可能性越大。这是获得高质量创造性设想的条件。④综合改善原则。探索取长补短和改进办法,除了提出自己的意见外,鼓励参加者对他人已经提出的设想进行补充、改进和综合,强调相互启发、相互补充和相互完善,是智力激励法能否成功的标准。⑤突出求异创新。这是智力激励法的宗旨。⑥限时限人原则。

头脑风暴会议的实施步骤的实施与准备如下。

(1)为方便提供一个良好的创造性思维环境,该明确会议目标、确定参加会议的最佳人数(以5~10人为宜)和会议进行的时间。一般需将会议讨论的问题提前1~5天发至参会人员。

(2)选择合适的主持人。参会人包括主持人、记录人和参加者。主持人是头脑风暴法会议的领导者,对会议的成功与否起着决定性的作用。主持人的职责是严格遵守基本原则、使会场保持热烈的气氛、把握会议的主题并保证全员献计献策。主持人要做好充分的准备并且要有一定的主持会议的技巧,一般不能直接发表意见,只能简单地说"很好,请继续进行",或"很好,让我们改变一下方向"。

(3)确定记录员。记录员需要把与会人员的设想全部记录并为其编号,防止遗漏和评价。

(4)会议时间。头脑风暴法的时间一般在1小时以内,避免超过2小时的会议。

(5)延迟评价。对设想不能在同一天进行评价,再过几天时间有利于提出新的设想。而且评价可以采用头脑风暴法会议进行。设想的分类与整理:一般分为实用型和幻想型两类。前者是指目前技术工艺可以实现的设想,后者指目前技术工艺还不能完成的设想。完善实用型设想：对于实用型设想，再用脑力激荡法去进行论证、二次开发，进一步扩大设想的实现范围。幻想型设想再开发：对于幻想型设想，再用脑力激荡法进行开发，通过进一步开发，就有可能将创意的萌芽转化为成熟的实用型设想。这是脑力激荡法的一个关键步骤，也是该方法质量高低的明显标志。

头脑风暴法成功的关键是讨论方式，即与会人员能否进行充分、非评价性和无偏见的交流，做到自由畅谈、延迟评判、禁止批评和追求数量。同时，参与人员的素质也对成功具有一定的影响力。

在决策过程中，对直接头脑风暴提出系统化的方案和设想进行现实可行性评估的3个阶段：第一阶段，参加者对每一个提出的设想都要质疑，并进行全面讨论，评论的重点是设想实现的所有限制性条件；第二阶段，对每一组或每一个设想编制一个评论意见一览表以及可行性设想一览表；第三阶段，对质疑过程中抽出的评价意见进行估价，以便形成一个对解决所讨论问题实际可行的最终设想。在3个阶段中，质疑过程需要一直进行到没有问题可以质疑为止。分析组负责处理和分析质疑的结果。如需在短时间内就重大问题进行决策时，分析小组需吸收一定数量的专家。

头脑风暴的正确使用方法。

第一个建议：个人独立思考与团体思考可以先拆开再整合，也就是让各自先独立思考，然后再聚集到一起开会。比如，假如有6个成员开会，那么每个人先写下针对主题的3个想法，然后传给隔壁的人。每个人把拿到的想法，加以补充，再传给下一个人。这样进行5轮，等于每个人都有机会补充其他5个人的意见。当所有人的意见都汇总后，再坐在一起进行讨论和评估。这样，我们就可以避免开会弊端的同时，发挥出头脑风暴的优点。

第二个建议：一定要把想法写下来，甚至画出来，把你的思路图像化。开会时，一般通过讲话来交流，用文字写下想法或者记录别人的想法。但是我们平常在使用文字的时候，为效率会习惯性地压缩信息。比如，我们在记别人讲话时，因为效率问题，你要从别人的一堆话中快速截取某个关键字词并把它记录下来。这样一来信息都是高度压缩的，不利于我们发想创意。所以，在头脑风暴的时候建议你尝试把思路图像化，这样你会有意想不到的收获。

头脑风暴会议，不仅不会带来我们期待的创意，反而会造成"生产力耗损"（Pro ductivityI.oss）。为什么会这样？因为会议会让人对问题的看法，变得越来越一致。会议对发想创意不见得有用，反而对凝聚共识很管用。你想想看，一群人坐在一起思考，这时，有人丢出了一个想法，这个想法就会影响到每个人的记忆。要知道我们的大脑跟其他器官一样，好逸恶劳，能省力就省力。现在别人提出了点子，我们围着这个点子打转就好，不必费力想别的不同的点子。但是反过来，当个人独立思考的时候我们的大脑就不会受到别人的影响，就会产生各种不同的想法。所以说，会议会让大家对问题的看法变得越来越一致。此外，人还是群体动物，我们喜欢意见一致，越多人看法相同，安全感就越高。

二、TRIZ 理论

TRIZ 理论是一种发明问题的解决理论，该理论由阿奇勒（G.S.AMhuner）在1946年创立，他被尊称为 TRIZ 之父。Akshuller 发现任何领域的产品改进、技术的变革、创新和生物系统一样，都存在产生、生长、成熟、衰老、灭亡，是有规律可循的；人们如果掌握了这些规律，就能主动地进行产品设计并能预测产品趋势；AItShuller 穷其毕生的精力致力于 TRIZ 理论的研究和完善。在他的领导下，苏联的研究机构、大学、企业组成了 TRIZ 的研究团体，分析了世界近 250 万份高水平的发明专利，总结出各种技术发展进化遵循的规律模式，以及解决各种技术矛盾和物理矛盾的创新原理和法则，建立了一个由解决技术，实现创新开发的各种方法、算法组成的综合理论体系，并综合多学科领域的原理和法则，建立起 TRIZ 理论体系。

（一）现代 TRIZ 理论法的核心思想

（1）无论是简单的产品还是复杂的技术系统，都具有相应的客观进化规律和模式。

（2）各种难题、矛盾和冲突的不断解决，是推动这种进化过程的动力。

（3）技术系统发展，其理想状态是使用尽量少的资源实现尽量多的功能。

创新从通俗的意义上讲就是，创造性地发现问题和创造性地解决问题的过程。TRIZ 理论的强大作用正在于它为人们创造性地发现问题和解决问题提供了系统的理论和方法工具。

（二）TRIZ 理论主要内容

1. 创新思维方法与问题分析方法

TRIZ 理论中提供了如何系统分析问题的科学方法，如多屏幕法；而对于复杂问题的分析，则包含了科学的问题分析建模方法物场分析法，它可以帮助人们快速确认核心问题，发现根本矛盾所在。

2. 技术系统进化法则

针对技术系统进化演变规律，在大量专利分析的基础上 TRIZ 理论总结提炼出 8 个基本进化法则。利用这 8 种进化法则，可以分析确认当前产品的技术状态，并预测未来发展趋势，开发富有竞争力的新产品。

3. 技术矛盾解决原理

不同的发明创造往往遵循共同的规律。TRIZ 理论将这些共同的规律归纳成 40 个创新原理，针对具体的技术矛盾，可以基于这些创新原理、结合工程实际寻求具体的解决方案。

4. 创新问题标准解法

针对具体问题的物-场模型的不同特征，分别对应有标准的模型处理方法，包括模型的修整、转换、物质与场的添加等。

5. 发明问题解决算法 ARIZ

主要针对问题情境复杂、矛盾及其相关部件不明确的技术系统。它是一个对初始问题进行一系列变形及再定义等非计算性的逻辑过程，实现对问题的逐步深入分析，问题转化，直至问题的解决。

6. 基于工程学原理构建知识库

基于物理、化学、几何学等领域的数百万项发明专利的分析结果而构建的知识库，可以为技术创新提供丰富的方案来源。

(三) TRIZ 解决过程

按这一原理,技术系统一直处于进化之中,解决冲突是其进化的推动力。进化速度随技术系统一般冲突的解决而降低,使其产生突变的唯一方法是解决阻碍其进化的深层次冲突。

在利用 TRIZ 解决问题的过程中,设计者首先将待设计的产品表达成为 TRIZ 问题,然后利用 TRIZ 中的工具,如发明原理、标准解等,求出该 TRIZ 问题的普适解或称模拟解(AnalOgOUSs。IUIion),最后设计者把该解转化为领域的解或特解。

(四) TRIZ 常用工具

阿利赫舒列尔和他的 TRIZ 研究机构提出了 TRIZ 系列的多种工具,如冲突矩阵 76 标准解答,ARIZ AFD,物质-场分析,8 种演化类型、科学效应,40 个创新原理,39 个工程技术特性,物理学、化学、几何学等工程学原理知识库等,常用的有基于宏观的矛盾矩阵法(冲突矩阵法)和基于微观的物场变换法。事实上,TRIZ 针对输入输出的关系(效应)、冲突和技术进化都有比较完整的理论。这些工具为创新理论软件化提供了基础,从而为 TRIZ 的实际应用提供了条件。

(五) TRIZ 优势

相对于传统的创新方法,比如试借法、头脑风暴法等,TRIZ 理论具有鲜明的特点和优势。它成功地揭示了创造发明的内在规律和原理,着力于澄清和强调系统中存在的矛盾,而不是逃避矛盾,其目标是完全解决矛盾,获得最终的理想解,而不是采取折中或者妥协的做法,而且它是基于技术的发展演化规律研究整个设计与开发过程,而不再是随机的行为。实践证明,运用 TRIZ 理论,可大大加快人们创造发明的进程,而且能得到高质量的创新产品。它能够帮助我们系统地分析问题情境,快速发现问题本质或者矛盾,它能够准确确定问题探索方向,突破思维障碍,打破思维定式,以新的视角分析问题,进行系统思维,能根据技术进化规律预测未来发展趋势,帮助我们开发富有竞争力的新产品。

(六)TRIZ 的应用

TRIZ 是研究创新设计的理论，并建立一系列的普适性工具，帮助设计者尽快获得满意的领域解。TRIZ 作为技术问题或发明问题解决的一种强有力方法，并不是针对某个具体的机构、机械或过程，而是要建立解决问题的模型及指明问题解决对策的探索方向。TRIZ 的原理、算法也不局限于任何特定的应用领域。因此，TRIZ 可以广泛应用于各个领域创造性地解决问题。不仅在苏联得到广泛应用，在美国的很多企业特别是大企业，如波音、通用、克莱斯勒、摩托罗拉等的新产品开发得到应用，创造了可观的经济效益。2003 年，三星电子采用 TRIZ 理论指导项目研发而节约相关成本 15 亿美元，同时通过在 67 个研发项目中运用 TRIZ 技术成功申请了 52 项专利。仅仅一项创新技术就能对一个跨国企业产生如此大的影响，这种情况是不多见的，TRIZ 的创始人对此也始料未及。

从 1997 年三星引入 TRIZ 理论到 2003 年三星应用 TRIZ 取得了显著的创新成果，但很多创新环节仍然需要 TRIZ 专家的协助才能完成，而且这些专家往往都有 10 年以上的 TRIZ 应用经验并通晓不同的工程领域，三星的这种创新模式为"专家辅助创新"。

(七)TRIZ 常见的基本措施

1. 分割原则

（1）将物体分成独立的部分。

（2）使物体成为可拆卸的。

（3）增加物体的分割程度。

例：货船分成同型的几个部分，必要时，可将船加长些或变短些。

2. 拆出原则

从物体中拆出"干扰"部分（"干扰"特性）或者相反，分出唯一需要的部分或需要的特性。与上述把物体分成几个相同部分的技法相反，这里是要把物体分成几个不同的部分。比如，一般小游艇的照明和其他用电是艇上发动机带动发电机供给的，关了停泊时能继续供电要安装一个由内燃机传动的辅助发电机。发动机必然造成噪声和振动，建议将发动机和发电机分置于距游艇不远的两个容器里，用电缆连接。

3. 局部性质原则

4. 从物体或外部介质（外部作用）的一致结构过渡到不一致结构。

5. 物体的不同部分应当具有不同的功能。

6. 物体的每一部分均应具备最适于它工作的条件。

比如，为了防治矿山坑道里的粉尘，向工具（钻机和料车的工作机构）呈锥体状吸洒小水珠。水珠愈小，除尘效果愈好，但小水珠容易形成雾，这使工作变得困难。解决方法：环绕小水珠锥体外层再造成一层大水珠。

7. 不对称原则

物体的对称形式转为不对称形式；如果物体不是对称的，则加强它的不对称移度。比如，防撞汽车轮胎具有一个高强度的侧缘，以抵抗人行道路缘石的碰撞。

8. 组合原则

把相同的物体或完成类似操作的物体组合起来；把时间上相同或类似的操作组合起来。比如，双联显微镜组。由一个人操作，另一个人观察和记录。

9. 多功能原则

一个物体执行多种不同功能，因而不需要其他物体。例如：提包的提手可同时作为拉力器。

10. 重量补偿原则

将物体与具有上升力的另一物体结合以抵消其重量，比如氢气球吊起广告牌；将物体与介质（最好是气动力和液动力）相互作用以抵消其重量。比如把调节转子风大机转数的制动式离心调节器安在转子垂直轴上。为了在风力增大时把转子转速控制在小的转数范围内，将调节器离心片做成叶片状，以保证气动制动。在给定的风力和给定的离心片质量的条件下，获得了一定的转数。为了减少转数（当风力增大时必须增大离心片质量；但离心片在旋转，很难接近它。于是矛盾这样消除，使离心片具有形成气功制动的形状，即把离心片制成具有负迎角的翼状。总的设想显而易见；如果需要改变转动物体的质量，而其质量又不能按照一定的要求改变，那么应使该物体成为翼状的，改变翼片运动方向的倾斜角度，便可获得需要方向的附加力。

11. 预先反作用原则

如果按课题条件必须完成某种作用，则应提前完成反作用。例如杯形车刀、车削。方法是：在车削过程中车刀绕自己的几何轴转动。其特征是为了防止产生振动，应预先向杯形车刀施加负荷力，此力应与切削过程中产生的力大小相近，方向相反。

12. 预先作用原则

预先完成要求的作用（整个的或部分的）；预先将物体安放妥当，使它们能在现场和最方便地点立即完成所需要的作用。

13. 等势原则

改变工作条件，使物体上升或下降。

14. 相反原则

不实现课题条件规定的作用而实现相反的作用；使物体或外部介质的活动部分成为不动的，而使不动的成为可动的；将物体颠倒。

15. 球形原则

从直线部分过渡到曲线部分，从平面过渡到球面，从正六面体或平行六面体过渡到球形结构；利用棍子、球体、螺旋；从直线运动过渡到旋转运动，利用离心力。

三、奥斯本检核表法

检核表法就是采用一张一览表，对需要解决的问题逐条地进行核计，进而从各个角度诱导出多种创意设想的方法。人们创造出了多种检核表，其中最常用的就是奥斯本检核表。奥斯本检核表法是一种产生创意的方法。在众多的创造技法中，这种方法是一种效果比较理想的技法。由于它突出的效果，被誉为创造之母。人们运用这种方法产生了很多杰出的创意，以及大量的发明创造。

亚历克斯·奥斯本是美国创新技法和创新过程之父。1941 年出版的《思考的方法》一书中提出了世界第一个创新发明技法"智力激励法"。1941年，他出版了世界上的第一部创新学专著《创造性想象》，提出了奥斯本检核表法，此书的销量达1亿册，超过了《圣经》。

奥斯本检核表法就是以提问的方式，根据创造或解决问题的需要，列出一系列提纲式的提问，形成检核表，然后对问题进行讨论，最终确定最优方案的方法。

奥斯本检核表法的"三步走"实施步骤：第一步：根据创新对象明确需要解决的问题；第二步：参照表中列出的问题，运用丰富的想象力，强制性地逐个核对讨论，写出新设想；第三步：对新设想进行筛选，将最有价值和创新性的设想筛选出来。

奥斯本检核表法的注意事项：①对所列举的多项逐条核检，确保不遗漏；②尽显多核检几遍，以确保较为准确地选择出所需创新、发明的方面；③进行检索时，可将向一大类问题作为一种单独的创新方法来运用；④核检方式可根据需要进行多种变化。

奥斯本检核表法突出的优点是使得思考问题的角度具体化，缺点是必须选定一个改进对象然后才能设法加以改进。因此，该方法不是原创型的，但有时候可以产生原创型的创意。奥斯本的检核表法属于横向思维，以直观、直接的方式激发思维运动，是一种强制性思考过程，有利于突破不愿提问的心理障碍。很多时候，善于提醒本身就是一种创造，操作十分方便，效果也相当好。

奥斯本在研究和总结大量近、现代科学发现、发明、创造事例的基础上归纳出，对于任何领域创造性地解决问题都是适用的9组，75个问题，具体如下：

（1）现有的东西（如发明、材料、方法等）有无其他用途？保持原状不变能否扩大用途？稍加改变，有无别的用途？

人们从事创造活动时，往往沿这样两条途径：一种是当某个目标确定后，沿着从目标到方法的途径，根据目标找出达到目标的方法；另一种则与此相反，首先发现一种事实，然后想象这一事实能起什么作用，即从方法入手将思维引向目标。后一种方法是人们最常用的，而且，随着科学技术的发展，这种方法将越来越广泛地得到应用。

某个东西，"还能有其他什么用途"？"还能用其他什么方法使用它"？……这能使我们的想象活跃起来。当我们拥有某种材料，为扩大它的用途、打开它的市场，就必须善于进行这种思考。德国有人想出了300种利用花生的实用方法，仅仅用于烹调，他就想出了100多种方法。橡胶有什么用处？有家公司提出了成千上万种设想，如用它制成床毯、浴盆、人行道边饰、衣夹、鸟笼、门扶手、棺材、墓碑等。炉渣有什么用处？废料有什么用处？边角料有什么用处？……当人们将自己的想象投入这条广阔的"高速公路"上就会以丰富的想象力产生出更多的好设想。

（2）能否从别处得到启发？能否借用别处的经验或发明？外界有无相似的想法，能否借鉴？过去有无类似的东西，有什么东西可供模仿？谁的东西可供模仿？现有的发明能否引入其他的创造性设想之中？

当伦琴发现"X光"时，并没有预见到这种射线的任何用途。因而当他发现这项发现具有广泛用途时，他感到吃惊。通过联想借鉴，现在人们不仅已用"X光"来治疗疾病，外科医生还用它来观察人体的内部情况。同样，电灯在开始时只用来照明，后来，改进了光线的波长，发明了紫外线灯、红外线加热灯、灭菌灯等。科学技术的重大进步不仅表现在某些科学技术难题的突破上，也表现在科学技术成果的推广应用上。一种新产品、新工艺、新材料，必将随着它的越来越多的新应用而显示其生命力。

（3）现有的东西是否可以做某些改变？改变一下会怎么样？可否改变一下形状、颜色、音响、味道？是否可改变一下意义、型号、模具、运动形式？……改变之后，效果又将如何？如汽车，有时改变一下车身的颜色，就会增加汽车的美感，从而增加销售量。又如面包，给它裹上一层芳香的包装，就能提高嗅觉诱力。据说妇女用的游泳衣是婴儿衣服的模仿品，而滚柱轴承改成滚珠轴承就是改变形状的结果。

（4）放大、扩大。现有的东西能否扩大使用范围？能不能增加一些东西？能否添加部件，拉长时间，增加长度，提高强度，延长使用寿命，提高价值，加快转速？

在自我发问的技巧中，研究"再多些"与"再少皆"这类有关联的成分，能给想象提供大量的构思设想。使用加法和乘法，便可能使人们扩大探索的领域。

"为什么不用更大的包装呢？"——橡胶工厂大量使用的黏合剂通常装在1加仑的马口铁桶中出售，使用后便扔掉。有位工人建议黏合剂装在50加仑的容器内，容器可反复使用，节省了大量马口铁。"能改变一下成分吗？"——牙膏中加入某种配料，成了具有某种附加功能的牙膏。

（5）缩小、省略。缩小一些怎么样？现在的东西能否缩小体积减轻重量，降低高度，压缩、变薄？能否省略能否进一步细分？袖珍式收音机、微型计算机、折叠伞等就是缩小的产物。没有内胎的轮胎，尽可能删去细节的漫画就是省略的结果。

（6）能否代用。可否由别的东西代替，由别人代替？用别的材料、零件代替，用别的方法、工艺代替，用别的能源代替？可否选取其他地点？如在气体中用液压传动来替代金属齿轮，又如用充气的办法来代替电灯泡中的真空，使钨丝灯泡提高亮度。通过取代、替换的途径也可以为想象提供广阔的探索领域。

（7）从调换的角度思考问题。能否更换一下先后顺序？可否调换元件、部件？是否可用其他型号，可否改成另一种安排方式？原因与结果能否对换位置？能否变换一下日程？更换一下，会怎么样？

重新安排通常会带来很多的创造性设想。飞机诞生初期，螺旋桨安排在头部，后来，将它装到了顶部成了直升机，喷气式飞机则把它安放在尾部，说明通过重新安排可以产生种种创造性设想。商店柜台的重新安排，营业时间的合理调整，电视节目的顺序安排，机器设备的布局调整都有可能导致更好的结果。

（8）从相反方向思考问题，通过对比也能成为萌发想象的宝贵源泉，可以启发人的思路。倒过来会怎么样？上下是否可以倒过来？左右、前后是否可以对换位置？里外可否倒换？正反是否可以倒换？可否用否定代替肯定？

这是一种反向思维的方法，它在创造活动中是一种颇为常见和有用的思维方法。第一次世界大战期间，有人就曾运用这种"颠倒"的设想建造舰船，建造速度也有了显著提高。

（9）从综合的角度分析问题。组合起来怎么样？能否装配成一个系统？能否把目的进行组合？能否将各种想法进行综合？能否把各种部件进行组合？

例如把铅笔和橡皮组合在一起成为带橡皮的铅笔，把几种部件组合在一起变成组合机床。把几种金属组合在一起变成种种性能不同的合金，把几件材料组合在一起制成复合材料，把几个企业组合在一起构成横向联合……

四、组合创新

人类的许多创造成果来源于组合。世界著名科学家布莱斯曾说过："组织得好的石头能成为建筑，组织得好的词汇能成为漂亮文章，组织得好的想象和激情能成为优美的诗篇。"宫商角徵羽五律变化出无穷无尽的新音调，组成新的音乐作品，每一首都不同。青、白、赤、黑、黄5色组合出目不暇接的新颜色，组成不同的风景，不同的作品。通过对各种家具进行结构匕的改进与联系，使得组合家具既有利于组合又便于拆卸，使用效率和有效性大大超过了传统家具，如沙发床，将床与沙发的概念进行整合。这就是组合的力量。

组合创新法是指按照一定的技术原理，通过将两个或多个功能元素合并，从而形成的一种具有新功能的新产品、新工艺、新材料的创新方法；或者是利用创新思维将已知的若干事物合并成一个新的事物，使其在性能和服务功能等方面发生变化，以产生出新的价值。以产品创新为例，可根据市场需求分析比较，得到有创新性的新的技术产物的过程，包括功能组合、材料组合、原理组合等。同样，发明创造也离不开现有技术、材料的组合。

英国有个叫吉姆的小职员，成天坐在办公室里抄写东西，常常累得腰酸背疼，他消除疲劳的最好办法就是在工作之余去滑冰。冬季很容易就能在室外找个滑冰的地方，而在其他季节，吉姆就没有机会滑冰了。怎样才能在其他季节也能像冬季那样滑冰？对滑冰情有独钟的吉姆一直在思考如何解决此问题。想来想去，他想到了脚上穿的鞋和能滑行的轮子。吉姆在脑海里把这两样东西的形象组合在一起，想象出了一种"能滑行的鞋"。经过反复设计和实验，他终于做成了四季都能用的"旱冰鞋"。

组合创新法具的特点有：①将多个特征组合在一起；②组合在一起的特征相互支持、相互补充；③组合后要产生新方法或达到新效果，有一定的飞跃；④利用现成的技术成果，不需要建立高深的理论基础和开发专门的高级技术。

组合型创新常用方法有主体附加法、异类组合法、同物自组法、重组组合法以及信息交合法等。

1. 主体附加法

以某事物为主体，再增加另一附属事物，以实现组合创新的方法叫作主体附加法。主体附加法是一种创造性较弱、只需稍加动脑和动手就能实现、并能够选择恰当的附加物就可以产生巨大效益的方法，比如在圆珠笔上安上橡皮头，在摩托车后面的储物箱上装上电子闪烁装置，都具有方便、美观、实用的特点。

2. 异类组合法

将两种或两种以上的不同种类的事物组合产生新事物的方法称为异类组合法。

3. 同物自组法

同物自组法是将若干相同的事物进行组合从而产生新事物的方法。同物自组法在组合时需要多观察数量变化功能能否更好地发挥；或者新的功能、新的意义。例如，情侣笔套装、旺旺大礼包以及风格相同颜色不同的牙刷包装在一起称为"全家乐"牙刷。

4. 重组组合法

任何事物都可以看作是由若干要素构成的整体，各要素之间有序结合是确保事物整体功能和性能实现的必要条件。如果有目的地改变事物内部结构要素的顺序，按照新的方式进行重新组合，以促使事物的性能发生变化即重组组合；简而言之，重新按照新的方式对原有要素进行组合从而改变事物的性能较重组组合。进行重组时，首先要分析研究对象的现有结构特点；其次要列举现有结构的缺点，并考虑能否通过重组克服现有的缺点；最后确定选择合适的重组方式。

5. 信息交合法

信息交合法是建立在信息交合论基础上的一种组合创新技法。

信息交合论有两个基本原理：第一，不同信息的交合可产生新信息；第二，不同联系的交合可产生新联系。根据这些原理，人们在掌握一定信息基础上通过交合与联系可获得新的信息，从而实现创新。

五、6顶思考用法

6顶思考帽法是英国学者爱德华·德·波诺博士开发的一和思维训练模式，也被认为是一个全面思考问题的模型。6顶思考帽法是平行思维工具，是创新思维工具，也是人际沟通的操作框架，更是提高团队智商的有效方法。该方法提供了"平行思维"的工具，避免了将有限的时间浪费在互相争执上；它强调的是"能够成为什么"，而并非"本身是什么"，试图寻求一条向前发展的路径或方法，而非争论对错。运用本方法，可以使混乱的思考变得更清晰，使团体中无意义的争论变加集思广益的创造，使团体中的每个人变得富有创造性。

世界创新思维、概念思维领域的专家爱德华·德·波诺说，每个人都有6顶不同颜色的，代表不同思维方式的帽子，它们是：

代表"信息"的白帽，充分搜集数据、信息和所有需要了解的情况；

代表"价值"的黄帽，集中发现价值、好处和利益；

代表"感觉"的红帽，让团队成员释放情绪和互相了解感受；

代表"创造"的绿帽，专注于想点子，寻找解决办法；

代表"困难"的黑帽，只专注缺陷，找到问题所在；

代表"管理思维过程"的蓝帽，安排思考顺序，分配思考时间。

如果你戴着黑色的"困难"的帽子，你会觉得"合约制婚姻"充满挑战：孩子怎么办？夫妻哪还有信任可言？如果你戴着黄色"价值"的帽子，你会觉得简直明天就该推行：大量"将就将就吧"的婚姻从此解放。如果你带着红色"感觉"的帽子呢？你会觉得：反正我就是不喜欢这个主意，就是不喜欢，别和我说，我也不想听。

这6种完全不同的思维方式，在一个人的大脑中彼此对抗，在一群人的讨论中寸土不让，最后浪费了大量的时间，却没有结论。

人们应该训练一种思考能力，让所有人在同一时刻，只戴一项思考帽，充分思考后，再换另一顶帽子。这种从争论式的"对抗性思维"走向集思广益式的"平行思维"就叫作"6项思考用法"。比如，关于合约制婚姻的问题，你可以试试"蓝白黄黑绿红蓝"的思考方法。蓝帽主持讨论流程，先让所有人戴上白帽，搜集全球合约制婚姻相关的信息；然后戴上黄帽，专注想想。这么做所有可能出现的好处，哪怕很小；接着，再戴上黑帽，依旧这么做，会带来的所有问题和实施的一切困难；再然后，戴上绿帽，穷尽解决问题、克服困难的方法；再戴上红帽，表达情绪，基于信息、价值、困难、创造，你感觉是否赞同合约制婚姻；最后，蓝帽总结讨论结果。本来三天三夜不会有结果的讨论，很快就会讨论完了，即使最后没有结论，这个"没有结论"也会来得更快一些。

"6项思考帽"的多种戴法："蓝白黄黑绿红蓝"的思考方法，可以用在很多地方。当然除了这个组合，"6项思考帽"还有很多种戴法。简单问题，可以戴"蓝白绿"；改进流程，可以戴"黑绿"；寻找机会，可以戴"白黄"；保持谨慎，可以戴"白黑"；做出选择，可以戴"黄黑红"，等。

使用"6项思考用法"的几个基本建议：①白帽先行。通常，我们应该从获取信息开始。这会使得其他的思考帽有讨论的坚实基础；②黄在黑前。先思考价值，再思考困难，有助于我们产生正向的动机，获得正能量；③黑后有绿。黑帽让我们看到问题、困难、风险，但黑后有绿，鼓励思考者探索黑帽是否有解决方案。

其实，"6项思考用法"的逻辑和彩色打印机很相似。彩色打印机有青、红、黄、黑4种颜色，它把每种颜色分4次打印在同一张纸上最终形成了彩色照片。所以，你可以把"6项思考用法"称之为"彩色思考。"

"6项思考用法"是一个操作简单、经过反复验证的思维工具，它给人以热情、勇气和创造力，让每一次会议、讨论、报告和决策都充满新意和生命力。这个工具能够帮助人们提出建设性的观点；聆听别人的观点；从不同角度思考同一个问题从而创造高效能的解决方案；用"平行思维"取代批判式思维和垂直思维；提高团队成员的集思广益能力。

"6项思考用法"的作用和价值：①这种思维区别于批判性、辩论性、对立性的方法，而是一种具有建设性、设计性和创新性的思维管理工具；②它使思考者克服情绪感染，剔除思维的无助和混乱，摆脱习惯思维枷锁的束缚，以更高效率的方式进行思考；③用6种颜色的帽子这种形象化的手段使我们非常容易驾驭复杂性的思维；④当你认为问题无法解决时，"6项思考帽"就会给你一个崭新的方式；⑤各种不同的想法和观点能够和谐地组织在一起，避免人与人之间的对抗；⑥经过一个深思熟虑的过程，最后去寻找答案；⑦避免自负和片面性。6顶帽子代表了6种思维角色的扮演，几乎涵盖了思维的整个过程，既可以有效地支持个人的行为，也可以支持团体讨论中的互相激发。

"6项思考用法"已被美、英、澳等50多个国家政府认可，并将其设为教学课程；同时也被世界许多著名商业组织作为创造组织合力和创造力的通用工具，比如微软、IBM、西门子、波音公司、松日、杜邦以及麦当劳等。因为使用"6项思考帽"，J.P.Morgan将会议时间减少了80%，英国Channel4电视台在两天内创造出的新点子比过去6个月里想出的还要多；施乐公司用不到一天的时间就完成了过去一周才能完成的工作。

第七章 大学生教育发展创新路径

第一节 实施大学生教育创新的原则

创新教育的原则，也可以叫做创新教育的一般方法，它既是创新教育的客观规律的体现，也是创新教育的实践经验的总结，对创新教育的全过程起着指导作用。在创新教育已成为人们共识的知识经济时代，为了有效地推进大学生的创新教育，以达到培养大学生的创新意识、创新思维、创新精神、创新能力等目的，我们应该遵循以下基本原则。

一、主体性原则

所谓创新教育的主体性原则是指："在创新教育的教学活动中，教师要充分尊重并突出学生的主体地位，运用切行之有效的方法与手段，调动学生学习的主动性和创造性，使课堂教学充满生命力和创造力。"要进行创新必须有动机，创造动机就是人的主体性的体现，学生是否参与教学以及参与到教学过程中的程度是表现学生主体性的个重要标志。教师要以情动人、创设教学情境，吸引和引导学生积极主动地参与，要把学生的主体性地位贯穿到整个教育与教学活动的全过程，使学生做学习、工作、生活的主人。通过参与教学，使学生敢想、敢说、敢做，思维始终处于活跃的状态，把握学习的主动权，激发进行研究创新的潜能。

二、启发性原则

《学记》曰："君子之教，喻也，道而弗牵，强而弗抑，开而弗达，道而弗牵则和，强而弗抑则易，开而弗达则思，和易从思，可谓善喻矣。"这说明老师的教化应该是善于晓喻的，让学生明白道理。对学生只是加以引导，而不去强迫学生服从，只引导而不强迫，使学生乐于亲近；对学生只是严格要求，而不抑制学生的个性发展，只严格而不压抑，使学生能够自由发挥；对学生只是加以启发，而不是将结论全盘托出，只加以启发而不必全部说出，使学生能够自己思考。所谓创新教育的启发性原则就是指："在进行创新教育的过程中，要尊重学生学习的主体地位，充分调动他们学习的主动性与积极性，引导他们独立思考，积极研究，自觉地掌握相关知识和提高分析问题、解决问题的能力。"学生学习知识的最佳途径就是由老师引导，学生自己去发现，充分发挥老师的主导作用，学生的主体地位，从而培养学生的创新品质。

三、民主性原则

心理学研究表明："一个人只有在他'心理安全'的状态下，创新思维才能得到最大程度的发挥。如学生回答问题时，不担心答错了会受到老师的批评和同学们的嘲笑，才能充分展开想象、联想，不断产生创新思维的火花。"陶行知先生也曾说：创造力量最能发挥的条件就是民主，只有民主才能解放最大多数人的创造力，而且使最大多数人的创造力发挥到最高峰，创新教育的民主性原则就是要求在进行创新教育的过程中，要努力营造出一种宽松、和谐、愉快的氛围，让学生在平等融洽的师生关系中、和谐安全的课堂气氛中、优美的教学环境中体会到安全感和愉悦感，尊重学生的主体地位，使他们的身心得到完全的发展，充分表现他们的个性，创造地发挥他们的潜能，展示他们勇于质疑和追问的精神，逐步培养他们自主独立、大胆求异、勇于创新的品质。

第二节 实施大学生创新教育的路径

在人的成长过程当中，每个人都要接受家庭教育、学校教育、社会教育。良好的家庭教育，对人的进步和影响是刻骨铭心的，让人学会尊师重教、尊老爱幼；良好的学校教育，对人的进步和影响是至关重要的，让人博览群书、知古鉴今；

良好的社会教育对人的进步和影响是深刻久远的，让人知书达理、和谐相处。家庭、学校、社会既是每个人实现社会化的途径，又是培养青少年创新意识、创新思维、创新精神、创新能力的重要场所，大学生也是生活在现实环境中的，我们要努力为青少年营造出个创新教育的大环境，以人的全面发展为指导，全面深入地进行大学生创新教育。

一、学校创新教育路径

人的成长和学习需要一个稳定的环境，学校作为专门的育人机构，学校教育作为一种有组织、有目的、有系统的教育，在人的成长发展过程中起着主导的作用。因此，构建良好的学校教育环境可以促进人的健康成长。

（一）深化课程改革、改进教学模式

针对大学生创新教育的特点，大学生的课程设置要遵循"通识教育和专业教育"相结合的原则，大学生不仅要学习本专业的知识，打下扎实的专业基础，还要学习其他专业的知识和技能，随时了解各学科的发展前沿，在课程设置上，要优化课程结构，必修课和选修课都要达到一定的比例，加强课程的实践性，重视实验教学，培养学生的实际操作能力，同时采取多种形式的教学模式，把"第一课堂"和"第二课堂"结合起来。

开放式的课堂教学即第一课堂，它的基本特征是以人为本、因材施教，以学生自学、老师启发引导为主，学生具有很强的选择性空间，由被动接受转化为主动参与。开放式的课堂教学打破了传统的"填鸭式"教学——老师只是单纯的传授者，学生只是被动的接受者，使单向的知识灌输转变为双向的交流，学生主动积极地参与到课堂教学的整个环节当中，发表自己的看法，提出不同的意见，有利于培养学生的主动性、创造性。事实证明，开放式的课堂教学有利于学生创造力的发展。比如：课堂教学中的实验课，学生在教师的指导下，运用定的实验设备，进行独立操作，亲身体会事物发生的变化，并从这些变化中验证所学的知识是否正确。在这一过程当中，不仅可以提高学生的动手能力，也可以激发学生的创新意识。社会实践教学即第：课堂，是第一课堂的有效延伸和补充，是通过参

与社会生活的方式而实施的种教学途径。学校利用第一课堂可以组织学生参加各种兴趣小组、开展文艺活动、举办竞赛，如：大学生"挑战杯"科技作品竞赛、"挑战杯"创业计划大赛、多媒体制作大赛等。学生作为学习活动的主体，在书本中和课堂上学到的知识是通过老师间接传授的，而学生参加社会实践则是主动地参与到社会过程当中，通过自己的亲身体会和感受获得直接的、现实的知识，间接知识只有通过实践才能被理解、吸收和掌握，转化为直接知识。在社会实践教学当中，努力提高学生参与第二课堂的积极性，反复锻炼，可以激发学生的创新意识，自己动手，提高自己的创新能力。

（二）强化创新理念，提高教师素质

国务院学位委员会办公室主任、中科院院士杨玉良曾说过：改革大学生培养机制，不断提高大学生教育质量，加速培养创新型人才，是一个复杂的系统工程，不仅要重视提高大学生本身的质量，更要重视提高教师的质量，一种教育模式能否造就出高素质的创新人才，很大程度上取决于教育者自身的素质。在进行创新教育的过程中，教师是创新方向的引导者，有创新精神和创新能力的教师善于发现有创新潜能的学生，可以激发学生的创新欲望。因此，实施大学生创新教育，关键是要建设具有创新理念的教师队伍，加强教师队伍建设。首先，教师要转变观念，要从过去的"三中心"转到"以人为中心"，尊重学生的个性，充分发挥学生的天赋、特长、兴趣爱好，增强学生的创新能力。其次，教师要与学生构建良好的师生关系，打破过去的那种教师权威、知识权威，允许学生发出不同的声音，有自己独到的见解，重视学生提出的每个问题，打破学生对权威的崇拜心理，营造出一个宽容、自由的创新环境。

（三）完善教育改革，创新教育观念

在教育发展史上，每一次教育的改革都是以教育观念的革新为先导的，教育每向前走一步，都是教育观念在后面起推动作用，教育发展的历史就是教育观念革新的历史。要开展大学生创新教育，就必须要有与之相适应的新的观念体系，改变传统中落后的教育观念，包括一直都是错误的教育观念、在一定时期起过积

极作用,但随着时代的发展变化而过时的教育观念等。创新的教育观念主要有:第一调整教育的培养目标,激发学生的创新素质。教学是为了让学生获得知识,但这并不是唯一的目的,学生学习知识是每个个体成长过程中的必经阶段,是为了唤醒存储在人类体内的巨大潜能。教学的真正目的是为了培养人的素质,而创新素质是人的素质当中最重要的,只有创新,人类的生命质量才能生生不息、不断提高。第二,尊重学生的主体地位,启发学生走自主创新学习之路。在学习的过程当中,让学生大胆地去想,大胆地去做,可以独立地提出自己的问题、思路、解决方法,发挥他们的主观能动性。让学生知道自己真正需要什么,"人的最高需要就是自我价值实现的需要,当我们每个人在追求自我价值实现的时候,也就是最富有创新活力的时候"。

二、社会创新教育路径

社会是一个大家庭,对每个人创新能力的培养比家庭教育、学校教育更为深刻、更为长远。所谓社会环境是指:"影响个体创造力发展的社会背景和群体氛围,它包括科技环境、学术风气、体制背景、经费支持及舆论影响等各种外界因素。"在社会这个大环境氛围中,开展创新教育的首要任务就是全社会要积极营造出一个重视创新、开拓创新的新局面。

(一)打造文化氛围创新平台

文化因素在社会环境的众多因素中起着主导作用。我国是有五千年悠久历史的文明古国,积淀着博大精深的中国传统文化,这是值得我们每一个中国人所骄傲的。中国传统文化对大学生创新教育的影响是潜移默默地,具有积极的一面,例如,中国传统文化中的"以德养才、以才兴国"思想有助于培养大学生的爱国精神和社会责任感,是推动大学生创新教育的内在动力,大学生只有在坚持自己的"创新成果"能够有利于社会、造福于社会,创新成果的社会价值能够被肯定,具有强烈的社会责任感,这样,创新才有意义。"礼之用,和为贵"思想有助于培养大学生的团队协作精神,是推动大学生创新教育的精神养料。大学生只有具备团队协作精神,才能在团队协作中保持一致,建立友好融洽的合作关系。但处于创新时代的我们，在看到中国传统文化的精华的同时，也要清楚地认识到中国传统文化中的抗创新因素，如果忽视了中国传统文化中的消极因素，中华民族很难形成一个全民族有利于创新、激励创新的新局面。中国传统文化对大学生创新教育也有消极的一面，张岱年先生曾指出：中国传统文化的突出弊端是尊古保守，重继承轻创新，例如，"中庸"思想、"不患寡而患不均"的平均主义思想等容易使大学生缺乏个性、缺乏竞争意识、缺乏冒险精神，变得谨小慎微、因循守旧等。因此，在社会创新教育中，我们要充分利用传统文化对大学生创新教育的积极影响，取其精华，努力消除传统文化对大学生创新教育的消极影响，去其糟粕，努力打造社会创新教育的文化氛围平台。

（二）打造资金投入创新平台

近几年，我国的教育经费投资有了较大幅度的增长，但由于教育经费的基数小，有些部分高校的教育经费并没有明显增加，这对大学生的培养、对学校建设等都起到了严重的阻碍作用。

殷实的资金投入可以从硬件和软件上为创新教育提供坚实的物质基础，以物质奖励支持创新、激励创新，为教育工作者不但提供良好的工作环境、办公设施等硬件环境，还要提供良好的工作氛围、优秀的工作团队等软件环境。例如，加强图书馆建设，完善国内外的文献资源数据库，以供大学生免费查阅，确保他们能够接触最前沿的科研成果，方便他们开展探索性的学习；对科研能力强、创新能力强的大学生进行资助、鼓励，对创新成果进行表彰、奖励。只有在一个"尊重知识、尊重人才、爱护人才、人尽其才"的良好社会氛围中，才能调动员工的积极性，才能使具有高水平的创造性的教师有用武之地。例如：著名的贝尔实验室每年的科研经费是五六亿美元，正是有了这些雄厚的经济实力作后盾，"贝尔实验室自1925年成立以来已获得了约2.7万项专利，目前平均每个工作日产生4项多专利，产生了七位诺贝尔奖获得者"。因此，从长远来看，必须重视对大学生创新教育的投入，改善硬件环境和软件环境，为培养高水平的大学生提供一个有利的环境氛围。

（三）打造舆论、政策导向创新平台

所谓社会舆论就是指："社会意识形态的特殊表现形式，是相当数量的公民对某一问题的共同倾向性看法或意见，往往反映一定阶级、阶层、社会集团的利益、愿望和要求，其精神内核是群体意识，其现象外观是议论形态，往往以拥护或反对、赞扬或谴责的方式对某一公共问题作公开的评价。"社会舆论是一种群体意见，是一种强大的社会心理力量，有的是国家进行有目的的引导而形成的，有的是群众自发形成的，对群体和个人的心理都会产生定的影响。正确的舆论导向可以用来为创新教育服务，可以使人们对创新教育形成不约而同地肯定认识，为开展创新教育营造一种良好的学术氛围，也可以使教师卸下沉重的心理枷锁，放手去开展创新教育。当社会舆论崇尚知识、尊重人才，肯定科学创造价值时，才会引起人们的求知欲、激发人们的创造性，促进个体创造力的发展。同时，国家要制定相应的政策、颁布相应的法律法规保障人们的创新成果。正是有了国家对创新教育的正确引导，大学生创新教育才能在肥沃的土壤上生根、发芽，孕育出华夏文明的硕果。

总之，我国大学生的创新教育将会受到越来越多的关注，其发展也会越来越完善，这需要国家、社会、学校、家庭的共同支持、共同努力。

三、家庭创新教育路径

人都是首先在家庭环境中接受基础教育的，每个个体的创新意识、创新思维、创新精神、创新能力的萌芽也都是在家庭环境中孕育的。家庭的教育方式、教育内容对孩子们的创新潜能有着潜移默化的作用，家庭教育的成功与否直接影响着创新教育能否有效地开展。因此，我们要积极营造出一个有利于创新教育的家庭环境。

（一）父母要做孩子心灵的教师

家庭是孩子成长的摇篮，是孩子的第所学校，父母是孩子心灵的教师，对孩子的思维、心理品质等所产生的影响是其他任何形式的教育都无法替代的。用心灵给孩子温暖、用心灵给孩子导向。首先，父母要了解孩子，父母只有潜心研读，

才能真正了解孩子需要什么、孩子喜欢什么，才能发现孩子的潜能和优点，才能与孩子建立起十分融洽的关系，让孩子能够感受到和谐、民主、温暖的气氛。在这种氛围中，孩子才会敞开心扉主动与父母进行交流，说出自己的想法，孩子的独立意识才能增强，创造性才能得到激发；其次，父母要尊重孩子。从孩子成长的规律、需要出发，尊重他们的权利、尊重他们的人格，给他们发表意见、参与讨论的空间，允许他们有自己的想法，做自己喜欢的事情。

（二）父母要有正确的观念、规范的言行

父母是孩子的启蒙老师，是孩子学习的榜样，父母的一言一行对孩子的教育至关重要，纪伯伦曾说过，"如果父母是张弓，孩子就是搭在弓上的箭"。首先，父母要摒弃传统的教育观念，不要把孩子当作实现自己目的的工具，给孩子套上沉重的枷锁，要给孩子独立的空间，使孩子的个性得到充分发展，养成自己发现问题、分析问题、解决问题的能力，培养大胆探索、独立思考的精神。其次，父母要努力创设学习型的家庭氛围，用自己的勤奋和刻苦激发孩子的进取心和探索精神，让孩子在无形之中得到隐形教育。所以，父母必须以身作则，严格要求自己，身教重于言教，为孩子的健康成长树立好的榜样。

（三）父母要有正确的教育方法

有人曾说过："一个国家的命运与其说是操纵在掌权者手里，不如说是掌握在父母亲的手里。"父母要具备正确的教育方法，家庭教育最重要的不是培养孩子的智力，而是发掘孩子的创新意识、培养孩子积极进取的精神、提高孩子的心理品质。有研究表明，孩子的心理疾病，一个重要的因素就是父母的教育方法不正确。在现实生活当中，不要把孩子当作家里的小皇帝，为孩子包揽除学习之外的一切事务，要让孩子更多地参加社会实践、参加公益活动、多做家务劳动，使孩子接触社会、体验生活，感受其中的酸甜苦辣，培养孩子的生存能力、动手能力、社会交往能力等。为了孩子的健康成长，父母应该坚持"动之以情，晓之以理，导之以行，持之以恒"的教育原则，用心去关心孩子、爱护孩子，对孩子施以正确的教育方法，保证孩子的健康成长。

四、大学生教育创新需要注重要点

大学生要想成为有造诣的创新人才，必须注重发展自己的非智力因素，培养与创新素质匹配的良好的个性品质。

（一）科学的世界观

近现代发展史表明，凡有成就的科学家，大都自觉或不自觉地具备科学的世界观和方法论。恩格斯曾深刻地指出：如果有了对辩证思维规律的领会进而去了解那些事实的辩证性质，就可以比较容易达到这种认识的事实也证明，世界观和方法论对于科技人才事业的成功，往往起着决定性的作用。牛顿前半生研究自然科学，自发地倾向唯物主义，因而在经典力学以及微积分等方面获得了卓越的成就，而后半生陷入神学迷雾之中，企图证明上帝的存在，耗时 25 年却一事无成。

（二）满腔热忱的态度

一个热忱的人，会认为自己的工作是一项神圣的天职，并怀着浓厚的兴趣。对创新热忱的人，不论遇到什么困难，或需要付出多少的努力，始终会用不急不躁的态度去坚持不懈地奋斗。创新离不开热忱，缺少热忱，创新就显得苍白，没有活力，创新能力和其他能力就不容易发挥出来。爱迪生说过：有史以来，没有任何一件伟大的事业不是因为热忱而成功的。热忱还是一种意识状态，能够鼓舞及激励一个人对创新执着地采取行动，并且具有感染性使所有和他有过接触的人也受到影响。热忱是创新的主要推动力，把热忱与创新结合在一起，创新将不会感到很辛苦或单调。热忱会使你的整个身体充满活力，而且不会觉得疲倦。可以相信，发挥热忱的力量，即使是普通人也能创造奇迹。

（三）集中专注的精神

任何创新都需要长期的准备性劳动。创新思想不是凭空产生，而是来自艰苦的工作、学习和实践。需要集中全部的注意力，保持思索问题的最佳状态，这是创新过程的关键。只要专注某一项事业，就一定会做出使自己都感到吃惊的成绩来。

大多数人在做一件事时，大脑里都会想着其他的事。我们不会完全集中于此时此刻所做的事上，我们的头脑每时每刻都在进行着交谈以及拥有各式各样的意识流。这些令人分散注意力的想法使人难以集中精力做好工作。因此必须清除头脑中分散注意力的想法，使思维完全进入当前的工作状态，把注意力高度集中于当前所做的事情上。一旦你感到集中精力有困难，不能清晰地思考时，或是墨守成规、困扰不安时，或是无法排除头脑中的忧虑或担心时或是你想从一项任务中得到解脱而进入另一项任务时，或是为专攻一件小事而做大量无用功且至今尚未完成最重要的部分时，你必须采取明智的行动：在一天中经常使大脑得到短暂的休息；把你的注意力集中在某个具体、令人愉快、平静的事物上。那么，你会高兴地发现，自己已经拥有清晰的头脑，以放松和沉着的态度、饱满的精力去思考问题，创新变得更有效率，更富有成效。

（四）好奇探究的心境

好奇心是一个人拥有创新能力最基础的条件。美国科学院院士邱成桐曾说：创新，最重要的是好奇，对基本的、大自然的现象有很强的好奇心。有了好奇心才会去探索，去学习，慢慢就会成功；有了好奇心才会有创造力。用爱因斯坦本人的说法，是"神圣的好奇心"带他走入了物理科学世界。好奇心是人生而具有的。但随着年龄的增长及社会的习俗和功利心的滋长，人们的好奇心却在逐渐地减弱，以至于见怪不怪，习焉不察。爱因斯坦的过人之处，在于他始终保持着一颗童心，对任何事物都怀有强烈的好奇心，一定要问个子丑寅卯，打破沙锅问到底。由于我们对创新充满好奇，喜欢问问题，就会训练大脑有效地、创新地思考。

要保持好奇心的长盛不衰，既需要有外在的宽松的环境也需要有内在的精神自由。爱因斯坦认为科学的发展以及一般的创造性精神活动的发展，还需要另一种自由，就是内在的精神自由。这种精神上的自由在于思想上不受权威和社会偏见的束缚，也不受一般违背哲理的常规和传统习惯的束缚。

（五）自信独立的性格

自信心是一种建立在对自身优点充分了解的基础上的自我认可的情绪体验。

从心理学角度看，自信之所以能导致成功，主要是自信能充分发掘和表现自身的潜能。有了自信心，才会积极主动地参与创新活动。创新是一种打破常规的智慧，需要自信作为原动力。独立的人格特质能使人才善于独立思考，具有个人信念、判断的坚定性和行为的独立性，能积极地适应环境，在困难和挫折面前镇定沉着。独立性的思考是发展创新性的必要条件。没有独立思考就没有创造性的形成与发展。因此，我们要为人才提供相对独立思考的空间和时间。

（六）精于管理的创意

创意是思想的果实是创新的前提。但是创意一般都很脆弱如不进行妥善而适当的管理，就会稍纵即逝或毫无价值。因此，必须做到以下几点

第一，注意随时记下创意，不要让创意平白跑掉。一想到什么，就立刻记下来以免错失了自己的思想结晶。

第二，定期复习创意，不断进行筛选。把有价值的东西保留下来，没有意义的及时扔掉，避免积重难返。

第三，深入思考研究，不断完善创意。要增加创意的深度和广度，把相关的事物联系起来，从各种角度去研究。时机一成熟，就把它用到创新活动上。

第四，不要轻易放过偶然的现象。在长期的生活实践中，有时会有一些偶然的发现，因为它们不在预料之中，又不属于旧思想体系，往往可以成为创新的新起点。

第五，千万不要小看无意中的想法。有许许多多成功的事例，都是在无意之中走上成功之路的。

（七）适当控制自我

自我控制是一种最难得的美德，它不仅不会束缚你的创新能力，而且能够发挥你的创新能力。一个人除非先控制了自己，否则他将无法控制别人。一个人有了自制力才能抓住成功的机会，而真正的机会经常藏匿在看来并不重要的生活琐事之中。每个乐于创新的人都应该培养较好的自我控制能力，知道什么话不可以说，什么事不可以做；知道什么时候应该集中思想，什么时候可以放松放松。提

高控制自我的能力，下面列出的七个方法可供借鉴。

1. 控制自己的时间

时间虽不断流失，但仍可以有计划地支配。一个人能够控制自己的时间，就能改变自己的一切。掌握时间，就是掌握生命。

2. 控制思想

人们可以控制自己的思想与想象性的创新。要训练控制自己的思想，一次只专心做一件事。必须记住：幻想在经过刺激之后，将会变成现实。

3. 控制接触的对象

我们无法选择共同合作或一起相处的全部对象，但是我们可以选择共度最多时间的同伴，也可以认识新朋友，找出成功的楷模，向他们学习。

4. 控制沟通的方式

沟通方式最主要的就应聆听、观察以及吸收。当我们（你和我）沟通时，我们要用信息来使对方获得一些价值，并增强彼此了解。

5. 控制承诺

若我们选择最有价值的思想、交往对象与沟通方式，并使它们成为一种契约式的承诺，定下次序与期限，我们就能按部就班、平稳地兑现自己的承诺。

6. 控制目标

定下生活中的长期目标，使之成为我们的理想，并有计划地、充满信心地加以实施。

7. 控制情绪

在漫长的人生旅途中，我们必须面对各种困难和挫折，表现出较强的容忍力，努力创造一个喜悦的人生，有所播种，必然有所收获。要学会调控心态和由此带来的各种情绪，及早恢复理智状态。遇到不合己意的结果要坦然面对，这就是人生。

8. 善于把握时机

创新必须从现在做起，从自己做起，从小事做起，不能光停留在创新设想上。创新设想只有付诸行动才能真正成为创新，光设想而不动手，设想再多再好也是没有用的。一百个设想不如一个实实在在的行动。对创新而言，能否把握"一瞬间"，决定你能否有所创新。机遇总是悄悄地降临到我们周围，要捉住它，就必须留意自己身边的一切，哪怕是一件极微小的事，也可能带给你创新的机会。

促使创新的机会，通常是我们身边平淡无奇的小事，有时一次对话、一次旅行、一次失手、一件偶然的事情都有可能会引起一项创新。创新活动的过程，是一个由量变到质变的过程。要想获得成功，必须靠自己的努力，从身边的小事做起，不断地去发现问题、研究问题、解决问题。

参考文献

[1] 贾卫东. 大学生创新创业教育：问题、原因及发展思路 [J]. 玉林师范学院学报, 2021, 42 (06):136-140.

[2] 薛珊, 刘智颖. "互联网+"视角对创新创业教育理念的科学定位与发展趋势——评《"互联网+"大学生创新创业基础与实践》[J]. 热带作物学报, 2021, 42 (11):3436.

[3] 邱晶晶. 大学生创新创业教育对提升饲料行业发展水平策略研究 [J]. 中国饲料, 2021 (22):141-144.

[4] 王鹏飞. 河南省高校大学生创新素质培养研究 [D]. 河南工业大学, 2015.

[5] 龚文静. 基于科学发展观的大学生个体与社会和谐发展问题研究 [D]. 广西师范大学, 2011.

[6] 刘珊珊. 新发展理论对大学生创新创业教育的价值及指导意义研究 [J]. 产业与科技论坛, 2021, 20 (22):103-104.

[7] 丁灵颖. 社会企业发展视域下大学生创新创业人才培养的模式研究 [J]. 黑龙江人力资源和社会保障, 2021 (18):136-138.

[8] 张明霞. 新媒体视域下的大学生思想政治教育创新发展模式探究 [J]. 中国多媒体与网络教学学报（上旬刊）, 2021 (11):189-191.

[9] 张海霞. "互联网+"视角对创新创业教育理念的科学定位与发展趋势——评《"互联网+"大学生创新创业基础与实践》[J]. 热带作物学报, 2021, 42 (10):3112.

[10] 刘若跃. 科学发展观视野下的大学生思想政治教育创新研究 [D]. 太原理工大学, 2011.

[11] 张宁. 人的全面发展视域下的大学生思想政治教育创新研究 [D]. 大连医

科大学，2014.

[12] 刘双，宋坤 . 双创背景下化工专业思想政治教育创新与实践——评《双创时代大学生创新创业教育的融合发展研究》[J]. 塑料工业，2021，49（09）:170.

[13] 杨盈盈，章小纯 . 新媒体时代大学生"四史"学习教育的创新发展 [J]. 人民论坛，2021（26）:65-67.

[14] 林舒萍 . 高校创新创业教育与创业实践——评《双创时代大学生创新创业教育的融合发展研究》[J]. 中国教育学刊，2021（09）:117.

[15] 张贝贝 . 高校大学生党员发展和教育管理服务创新研究——以镇江高专财经商贸学院"五星"学生党支部为例 [J]. 佳木斯职业学院学报，2021，37（09）:27-28.

[16] 许国动，安娜君，刘玉 . 高校创新创业教育对大学生成功智力发展的影响 [J]. 创新与创业教育，2021，12（04）:109-119.

[17] 俞建营 . 新时代背景下基层电大学生思想政治教育的创新发展策略研究 [J]. 大学，2021（32）:104-106.

[18] 汪琦，陈彦军，郭政华 . 大学生职业发展和创新创业教育 [J]. 中学政治教学参考，2021（29）:92.

[19] 明月 . 新媒体时代大学生思想政治教育的创新发展 [J]. 现代商贸工业，2021，42（23）:134-135.

[20] 谭的严 . 大数据时代宁夏高校大学生思想政治教育工作创新发展研究 [D]. 北方民族大学，2018.

[21] 魏旭 . 山东省高校在校大学生的创新创业教育探究 [D]. 山东建筑大学，2017.

[22] 李延昭 . 浙江省高等职业教育发展对策研究 [D]. 南昌大学，2016.